बाघ के साथ मेरी मुठभेड़

रणथम्भौर की कहानी, लेखक की ज़ुबानी

बाघ के साथ मेरी मुठभेड़

रणथम्भौर की कहानी, लेखक की ज़ुबानी

दौलत सिंह शक्तावत

अनुवाद

अक्षय कुमार सिंह चौहान

बहुवचन

नियोगी बुक्स

An imprint of Niyogi Books

प्रकाशक

नियोगी बुक्स

ब्लॉक-डी, बिल्डिंग नं. 77
ओखला औद्योगिक क्षेत्र, फेज़-1
नई दिल्ली-110020, भारत
दूरभाष: 91-11-26816301, 26818960
ईमेल: niyogibooks@gmail.com
www.niyogibooksindia.com

चित्र सौजन्य : उल्लिखित छायाचित्रों के अतिरिक्त अन्य सभी चित्र दौलत सिंह शक्तावत

संपादक : वंदना गुप्ता
डिज़ाइन : शशि भूषण प्रसाद

ISBN: 978-93-89136-25-8
प्रकाशन वर्षः 2020

मुद्रकः नियोगी ऑफसेट प्राइवेट लिमिटेड, नई दिल्ली, भारत

कथा वस्तु

रणथम्भौर बाघ परियोजना

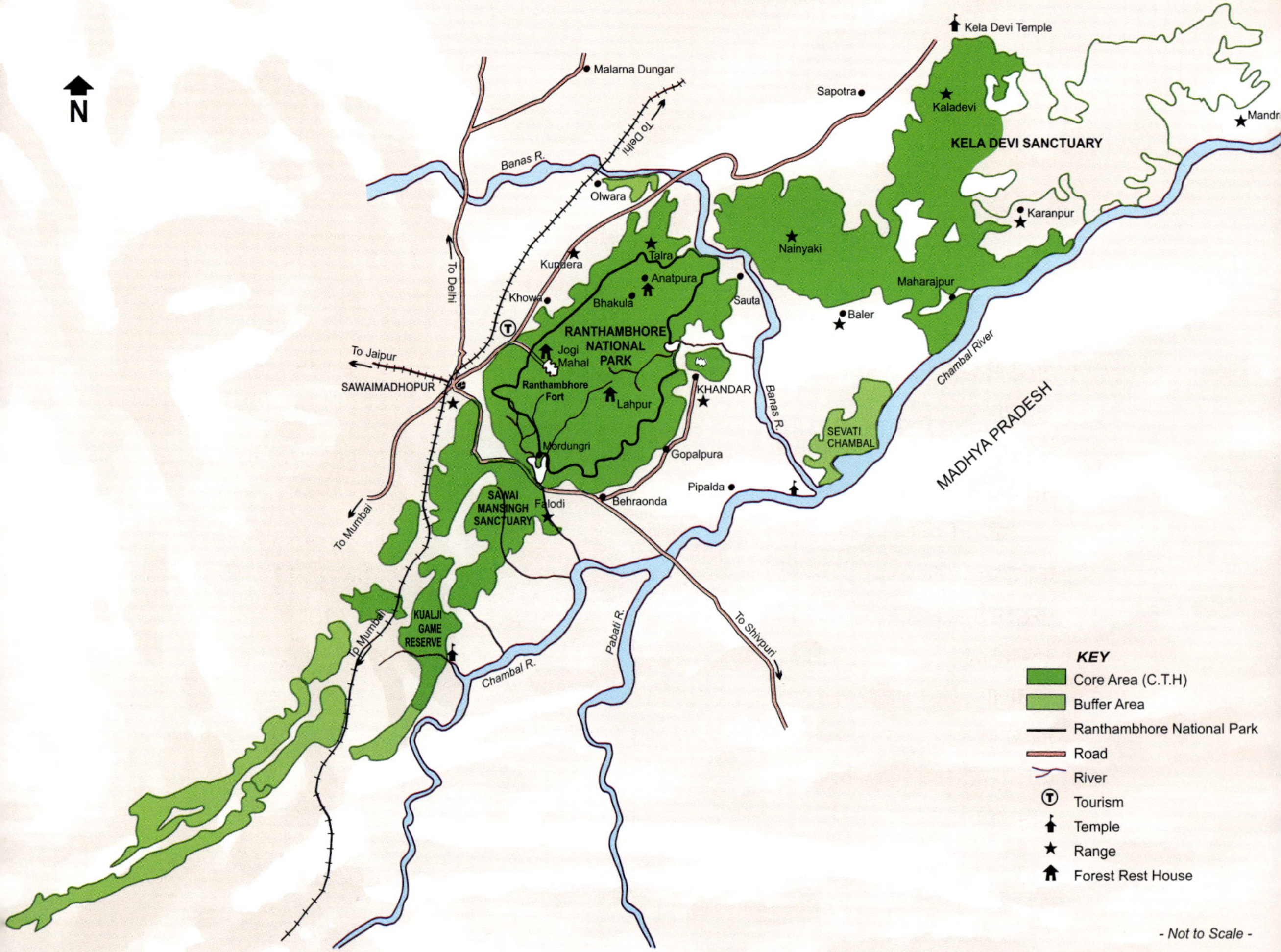

लेखक की कलम से

वह मई 2010 की एक गरम दोपहर थी। मेरे मित्र अखिल चन्द्र, जो एक प्रतिबद्ध वन्य जीव उत्साही और फोटोग्राफर हैं, मुझसे मिलने रणथम्भौर बाघ परियोजना आए थे और हम लोग जोश से भरी परिचर्चा में मग्न थे। मैं उनको बाघ के साथ अपनी पिछली मुठभेड़ का वर्णन कर रहा था, जब जंगलों में लगे एक कर्मचारी ने मुझे बताया कि बीती रात सोहन कच्छ क्षेत्र में बाघिन टी-13 ने अपने दो बच्चों के साथ मिलकर एक नर रोजड़ा (नीलगाय) को मार दिया। वह अब भी शिकार के साथ थी, जिसे वह पास की झाड़ियों में खींच लाई थी।

जंगलों में तीन दशक से ज़्यादा समय बिता चुकने के बावजूद, अब भी बाघ को देखने का ख़याल मुझे रोमांचित करता था। अखिल भी इस ख़बर से उतना ही उत्साहित था तो हमने फ़ैसला किया कि जल्दी से वहाँ जाकर बाघिन की बच्चों के साथ तसवीर ले लेते हैं। चूँकि यह रास्ता थोड़ा लम्बा था, हमने अपनी चर्चा जारी रखी। मैंने अखिल को अपने गुरुओं– कैलाश संखाला और फतेह सिंह राठौड़ की सीख के बारे में बताया कि जंगल में दिखाई पड़ने वाली हर चीज़ को बारीकी से देखो और फिर उसे एक डायरी में दर्ज़ कर लो। मैं प्रतिदिन इस काम को पूरी तल्लीनता से करता था और अब तक मेरे पास संस्मरणों का ख़ज़ाना हो गया था। मैंने उन्हें अपनी डायरी दी, जो मेरे कैमरा बैग में ही थी।

जब तक हम लोग सोहन कच्छ पहुँचते दोपहर के 2.30 बज गए थे। संभवतया दोपहर की धूप और लू के थपेड़ों ने बाघिन और उसके बच्चों को पास की किसी छायादार जगह में जाने को मजबूर कर दिया था। हमने वहीं रुकने का फ़ैसला किया और एक पेड़ की छाया

में खड़े हो गए। इस बीच अखिल ने मेरी डायरी को पढ़ना शुरू कर दिया। वह उसमें दर्ज़ घटनाओं और अनुभवों की पूँजी से एकदम हतप्रभ था। साथ में संलग्न चित्रों के होने से वह डायरी जानवरों के व्यवहार की जानकारी के बारे में सूचनाओं की खान थी।

उसने पूछा, "तुम इस सब को एक पुस्तक में क्यों नहीं लिखते हो? यदि ऐसा करना चाहो तो मैं मदद कर सकता हूँ।"

मई की उस गरम दोपहरी में वहीं रणथम्भौर के घने जंगलों के बीच इस पुस्तक का बीजारोपण हो गया था।

इसके थोड़ी देर बाद हमें टी-13 अपने बच्चों के साथ दिखाई दी। हमने तसवीरें लीं और कुछ देर तक बैठकर उनकी हरकतों को देखते रहे। अखिल का सुझाव मेरे अंतर्मन में जगह बना रहा था। जैसे-जैसे समय बीतता गया, इस दिशा में मेरी इच्छा प्रबल होती गई और मैं अपने अनुभवों को एक पुस्तक का रूप देने के बारे में गंभीरता से सोचने लगा। मैंने इस सम्बन्ध में अपनी पत्नी से चर्चा की, जिसने इस दिशा में मेरा उत्साह बढ़ाते हुए कहा कि यह बहुत अच्छा विचार है। लेकिन ज़मीनी कार्यों में अपनी व्यस्तताओं, साथ ही साथ कई बार मुख्यालय में तैनाती की वजह से मैं अपने उस सपने को साकार करने में नहीं लग सका। और फिर तो आफ़त ही आ गई! 20 अगस्त 2010 के मेरे मृतप्राय होने जैसे अनुभव ने मुझे सांसारिक चीज़ों के क्षणिक होने का अहसास करा दिया।

दैवीय कृपा से एक तरह का नया जीवन पाने के बाद मैंने फ़ैसला किया कि अब से मैं वही करूँगा, जो मेरा दिल चाहेगा।

मेरा इलाज ढाई साल से ज़्यादा समय तक चलता रहा। मेरी पत्नी ओम कँवर ने जी-जान से मेरी देखभाल की। मेरे पुत्रों– सत्यभान और शिवभान; पुत्रियों– मोनिका और सुमन; पुत्रवधु रेखा तथा मेरे नन्हें फरिश्तों– नाती पोतियों– वंशिका, ख्याति और रोहिताश्व राठौड़ के प्रेम उत्साहवर्द्धन से मैं जल्दी ही ठीक होकर अपने पैरों पर खड़ा हो गया। मैं फिर से काम करने के लिए रणथम्भौर के जंगलों में गया, जिन्हें मैंने हमेशा अपने से बढ़कर माना।

मैंने अपने कार्य करने के दौरान टिप्पणियों को एक पुस्तक के लिए जमा करना शुरू कर दिया। शिवभान और मोनिका ने मेरे हस्तलिखित आलेख का अनुवाद किया और उन्हें बेहतर ढंग से प्रस्तुत करने में मदद की। व्यस्त दिनचर्या के बावजूद उन्होंने इस काम के लिए

समय निकाला। मैं डॉ. शुभदीप भट्टाचार्जी का ऋणी हूँ, जो इस विवरण को क्रमवार लगाने और इसका समायोजन करने में मददगार रहे। एक बार मूल आलेख तैयार हो जाने के बाद, संगीता और अखिल चन्द्र ने घटनाओं को और पठनीय ढंग से प्रस्तुत करने के पुनर्लेखन में मदद की। अखिल ने फिर सपने को साकार करने के लिए मुझे नियोगी बुक्स के बिकास नियोगी से मिलवाया।

रणथम्भौर में मेरी तैनाती के दौरान कई आनन्दित करने वाली और अविश्वसनीय घटनाएँ हुई थीं, जिन्हें क्रमवार प्रस्तुत करना मुश्किल था। फिर भी कुछ घटनाओं को एक सुनियोजित ढंग से इन्हें आपके समक्ष लाने का भरसक प्रयास किया गया है। अपने जीवन के सबसे भयानक अनुभवों से परे, मैंने उस्ताद (टी-24) के साथ अपनी मुठभेड़ और 7-8 माह के अनाथ हुए बाघ के शावकों का प्राकृतिक रूप से पालन-पोषण कर बड़ा होते देखने की ख़ुशी को लिखना बेहतर समझा।

मुझे आशा है कि जल्दी ही, मैं जंगल में अपनी अन्य मुठभेड़ों को पाठकों के सामने रखने में सक्षम होऊँगा।

प्रस्तावना

राजस्थान का गौरवपूर्ण अतीत है। इसे अपने बहादुर राजाओं और शूरवीर योद्धाओं के लिए जाना जाता है, 'राजाओं' का यह 'स्थान' यहाँ की रूपवती और साहसी रानियों के लिए भी उतना ही प्रसिद्ध है। वास्तव में राजपूतों के इस युद्ध प्रेम, शौर्यपूर्ण वंश परम्परा ने उनके सामाजिक मानदंडों को आकार दिया। यही वजह है कि उनका लम्बा राजनीतिक इतिहास भी आपसी कटु द्वन्द्वों से भरा है।

भारत के इस मरुस्थली राज्य को यहाँ के लोगों के चटक परिधानों ने बेहद रंगीन बना दिया है। यहाँ की प्राकृतिक छटा तथा वन्य जीवों से घिरा प्रदेश आकर्षण का केंद्र माने जाते हैं, जो ज़्यादातर अरावली की पहाड़ियों के पूर्व में हैं। सवाई माधोपुर ज़िला, जो राजस्थान की पूर्वी सीमा पर स्थित है, रणथम्भौर बाघ परियोजना का मूल स्थान है, जो राज्य की राजधानी जयपुर से 160 कि.मी. दूर है। सवाई माधोपुर एक छोटा और आम राजस्थानी क़स्बा है, जो रणथम्भौर बाघ परियोजना और यूनेस्को वर्ल्ड हेरिटेज साइट रणथम्भौर के क़िले तथा इसमें स्थित त्रिनेत्र गणेश मंदिर के लिए प्रसिद्ध है। सवाई माधोपुर का इतिहास इस शानदार क़िले, उसकी दुर्गम प्राचीर और साहसी शासकों के इर्दगिर्द ही मिलता है। आज भी गणेश मंदिर के गुम्बद और छतरी के भग्नावशेष यहाँ के गौरवशाली अतीत की कहानी कहते हैं।

हालाँकि सवाई माधोपुर अब रणथम्भौर बाघ परियोजना का एक पर्याय बन गया है, जो दुनिया भर में अपने बाघों और अन्य जीव-जंतुओं के लिए जाना जाता है। इसकी स्थापना 1955 में सवाई माधोपुर वन्य जीव अभ्यारण्य के रूप में हुई थी और 1973 में इसे एक बाघ परियोजना बना दिया गया। सवाई माधोपुर अभ्यारण्य का बीच वाला हिस्सा 1980 में रणथम्भौर राष्ट्रीय उद्यान बन गया। 1984 में इससे जुड़े हुए सवाई मानसिंह और केलादेवी के जंगल भी

एम.डी. पाराशर

त्रिनेत्र गणेश मंदिर, जो रणथम्भौर के क़िले के अन्दर बना है।

अभ्यारण्य घोषित कर दिए गए और बाद में 1991 में उनको बाघ परियोजना में मिला दिया गया।

अरावली और विन्ध्य दो पर्वत शृंखलाओं के संधिस्थल पर मौजूद, रणथम्भौर का यह इलाक़ा ज़्यादातर लहरदार सूखे पतझड़ी जंगलों और उष्णकटिबंधीय झाड़ी वाले पेड़ों से भरा हुआ है। हालाँकि पठारी इलाक़ों में पेड़ कम हैं, लेकिन घाटी जामुन के घने पेड़ों से हरी-भरी है। इस क्षेत्र में सबसे ज़्यादा पाए जाने वाले पेड़ों में धोंक के साथ उसकी सहयोगी प्रजातियाँ– जैसे ढाक, खैर, बेर, तेंदू और सालार शामिल हैं। हमेशा बहने वाली जल धाराएँ (नाले), झीलें या तालाब जैसे– पदम, राजबाग, मलिक, गिलई सागर और मानसरोवर, बाघ परियोजना में पानी के मुख्य स्रोत

रणथम्भौर बाघ परियोजना में कई जगह ऐसी खंडित छतरियाँ हैं। यहाँ एक बाघिन (टी-18) एक पुरानी छतरी के नीचे आराम करती हुई।

हैं। परियोजना भर में जगह-जगह पर वहाँ कई इमारतें जैसे छतरियाँ, मस्जिदें और बावड़ियों के खंडहर मौजूद हैं। ये उस जगह की ख़ूबसूरती को और बढ़ा देते हैं तथा अकसर बाघ एवं तेंदुआ इन खंडहरों की छाँव में आराम करते देखे जा सकते हैं। रणथम्भौर में बाघ एवं तेंदुए ही मुख्य शिकारी होते हैं। इनसे छोटे शिकारियों में जंगली बिल्ली, मरुस्थली बिल्ली, स्याहगोश और चितकबरी बिल्ली शामिल हैं। यहाँ के ऊबड़-खाबड़ इलाक़े में काले रीछ भी पाए जाते हैं लेकिन आसानी से दिखाई नहीं देते हैं। साँभर, चीतल, चिंकारा और नीलगाय यहाँ बहुतायत में मिलते हैं। शिकार होने वाले जानवरों की इन प्रजातियों के साथ ही रणथम्भौर की जैवविविधता में लकड़बग्घे, सियार, बिलाव, रैटेल (आवाज़ करने वाला ख़ास जानवर) और साही भी पाए जाते हैं। झीलों में या उनके किनारे आराम करते घड़ियाल भी देखे जा सकते हैं। यहाँ रहने वाली 250 से 300 प्रजातियों के साथ-साथ बड़ी

दो पर्वत श्रृंखलाओं के संधिस्थल पर मौजूद, रणथम्भौर का यह इलाक़ा ज़्यादातर लहरदार है। मानसून के मौसम के बाद इण्डाला पठार एवं लाहापुर क्षेत्र का एक दृश्य।

टी-18 पदम तालाब क्षेत्र में घूमती हुई। हालाँकि पठार में कम पेड़-पौधे हैं, पर घाटी जामुन के घने पेड़ों से हरी-भरी है।

दक्षिणावर्त (ऊपर बाएँ से): मलिक एनिकट के पास दो बनसुअर; एक नर तीतर अपने चूज़े के साथ, मलिक तालाब में घड़ियाल और चित्रित चित्रित सारस देखे जा सकते हैं; एक भारीभरकम अजगर चिंकारा का शिकार करता हुआ।

बाएँ: नर फ्लाईकैचर अपने बच्चों को दाना चुगाते हुए। रणथम्भौर की जन्तुवर्गीय ख़ूबसूरती में यहाँ रहने वाली 250 से 300 प्रजातियों के अलावा बड़ी संख्या में प्रवासी पक्षियों की प्रजातियाँ शामिल हैं।

चितकबरा हिरनों का एक झुंड। रणथम्भौर की जैवविविधता में लकड़बग्घे, सियार, बिलाव, रैटेल और साही भी पाए जाते हैं।

संख्या में प्रवासी पक्षियों का मिलना इसकी वन्य जीव संस्कृति की महत्ता में शामिल है।

देश के शानदार राष्ट्रीय वन्य जीव पर कोई भी टीका-टिप्पणी या अनुभव तब तक अधूरे हैं, जब तक पहले बाघ परियोजना और बाघ के बारे में अंतरराष्ट्रीय जुनून की बात न कर ली जाए।

देश में तेज़ी से घट रही बाघों की संख्या को रोकने और इस प्रजाति को लुप्त होने से बचाने के लिए तत्कालीन प्रधानमंत्री इंदिरा गांधी के नेतृत्व में भारत सरकार ने विश्व के सर्वाधिक महत्वाकांक्षी संरक्षण प्रयासों में से एक बाघ परियोजना की शुरुआत 1973 में की। भारत में बाघों की संख्या

कृष्णा (टी-19) अपने दूसरे प्रसव के बच्चों के साथ। रणथम्भौर में बाघ और तेंदुए ही मुख्य मांसाहारी वन्य जीव हैं, इनके अलावा छोटे मांसाहारी वन्य जीवों में जंगली बिल्ली, मरुस्थली बिल्ली, स्याहगोश और चितकबरी बिल्ली भी शामिल हैं।

में कमी का सबसे बड़ा कारण यहाँ का जनसंख्या विस्फोट था, जो उनके निवास स्थान के क्षरण का मुख्य कारण था। देश भर में खेती-बाड़ी और फैक्ट्रियों के साथ अन्य विकास कार्यों के लिए जंगलों को बेरहमी से नष्ट कर दिया गया। भारत में अंग्रेज़ों, पूर्व महाराजाओं और नवाबों की हाथ में बन्दूक लेकर सिर्फ़ शौक के लिए शिकार करने की आदत ने बाघों की संख्या कम करने और जंगल के पर्यावरण को नष्ट करने की गति को बढ़ा दिया। सदी के अंत तक बाघों का ख़ातमा लगभग तय हो गया था, जब प्राच्य दवाओं के लिए उसके शरीर के अंगों की माँग बहुत अधिक बढ़ गई थी। अवैध शिकार और बाघ की हड्डियों के अवैध निर्यात ने अपने प्राकृतिक आवास में इस मांसाहारी

मलिक तालाब में बाघ के हमले से बचकर भागते साँभर।

वन्य जीव जन्तु के अस्तित्व पर गंभीर ख़तरा पैदा कर दिया।

बाघ परियोजना का उद्देश्य ख़तरनाक ढंग से घट रही बाघों की संख्या की स्थिति को उलट देना था, जो कम होते हुए देशभर में 1800 पर पहुँच गई थी। इसके लिए प्रोजेक्ट के तहत विशाल क्षेत्र में जंगल की निगरानी करनी थी, जो न सिर्फ़ इन बाघों का बल्कि इनकी भोज्य प्रजातियों का भी प्राकृतिक आवास है। वनाच्छादित क्षेत्र का स्वास्थ्य पारिस्थितिकी तंत्र के शीर्ष पर स्थित बाघ के साथ ही छोटे जानवरों और वनस्पतियों पर भी निर्भर होता है। बाघ को बचाने के लिए पूरे क्षेत्र के पारिस्थितिकी तंत्र को बचाना अनिवार्य हो जाता है। इस परियोजना को शुरू करने के लिए बाघ परियोजना का चयन

पश्चिम मध्य रेलवे के सवाई माधोपुर जंक्शन ने शक्तिमान बाघ की स्मृति में स्टेशन का नाम 'टाइगर सिटी स्टेशन' रख दिया गया।

रणथम्भौर परियोजना में बाघ और तेंदुए ही मुख्य मांसाहारी वन्य जीव हैं। अपने शिकार की तलाश करता एक तेंदुआ।

करने के लिए मानदंड ये थे कि हर जगह को एक निश्चित प्रकार के बाघों के निवास स्थान के रूप में तय होना चाहिए और जहाँ तक हो सके चयनित क्षेत्रों को, बाघों और इनकी भोज्य प्रजातियों की स्वस्थ आबादी के साथ शांत वातावरण होना चाहिए।

1973 में बाघ परियोजना के पहले चरण में देशभर में नौ तरह के बाघ निवास स्थान (परियोजना) का चयन किया गया। राजस्थान राज्य से उनके लिए रणथम्भौर अकेला निवास स्थान चुना गया। बाघ संरक्षण कार्यक्रम की प्रगति अच्छी है, बाघ परियोजना के तहत 1973 में नौ बाघ परियोजनाओं का चयन किया गया था, जो आज राष्ट्रीय बाघ संरक्षण प्राधिकरण (एनटीसीए) के तहत बढ़कर 50 बाघ परियोजनाएँ हो गई हैं। बीच में कुछ गम्भीर परिस्थितियाँ उपस्थित होने के बावजूद, जब बाघों की संख्या घटकर 1000 से कुछ ज़्यादा रह गई थी, परियोजना को विश्व भर के सफलतम संरक्षण प्रयासों में से एक माना जाता है। भारत में बाघों की संख्या अब लगभग 2226 है।

बाघ पर निगरानी रखना

बाघों को हमेशा मिट्टी में उनके पदचिह्नों से खोजा गया है। पुरानी लोकोक्तियों से लेकर कुमाऊँ में जिम कॉर्बेट के अनुभवों तक तथा जंगल में अन्य प्रकृतिवादियों तक ने बाघ तक पहुँचने का सबसे सटीक तरीक़ा उसके पदचिह्नों का पीछा करने को ही माना है।

बाघों के पदचिह्न एक जैसे नहीं होते हैं और एक ही बाघ के पदचिह्न का आकार और शक्ल मिट्टी बदलने पर अलग हो सकता है। अतीत में यह जंगल में बाघों की गणना के लिए महत्वपूर्ण तरीक़ा होता था। उड़ीसा में सिमलीपाल राष्ट्रीय उद्यान के संस्थापक निदेशक सरोज राज चौधरी ने 1966 में बाघों की संख्या जानने के लिए पदचिह्नों की जाँच का तरीक़ा लागू किया था। यह ध्यान रखते हुए कि तब तक यही पद्धति जानी जाती थी, अगले चार दशकों तक इसको व्यापक रूप से स्वीकार किया गया। वन विभाग में अपनी नौकरी के ज़्यादातर समय, मैंने बाघों की गिनती या पहचान इसी पद्धति से की।

बीट गार्ड्स जैसे जंगल के कर्मचारियों को विशेष प्रशिक्षण दिया जाता था। वे बहुत सुबह पदचिह्न खोजने के साज़ो-सामान के साथ चेकपोस्ट से निकल जाते थे और पगडंडियों, कुओं, तालाबों और अन्य वन मार्गों पर बाघ के नए पदचिह्नों की तलाश करते हुए आगे बढ़ते जाते। पदचिह्नों के नए जोड़े मिलने पर, वे ज़मीन के उन पदचिह्नों पर प्लास्टर ऑफ पेरिस (पीओपी) डालकर उसकी छाप ले लेते थे। इस पीओपी छाप के पीछे पदचिह्नों के मिलने की जगह की पूरी जानकारी दर्ज़ कर लेते थे। मानचित्र की मदद से आगे के विश्लेषण के लिए ये प्लास्टर के साँचे ज़मीनी जानकारियों के साथ रेंज और विभाग के मुख्यालय भेज दिए जाते थे। बाघ

बाघ के पदचिह्न का प्लास्टर का साँचा बनाते हुए कर्मचारी, अतीत में यह जंगल में बाघों की गणना के लिए महत्वपूर्ण तरीक़ा होता था।

एवं तेंदुए के पदचिह्नों का दोहराव मिलने पर उसे हटा दिया जाता था। पदचिह्नों के स्वरूप से यह भी जानने में मदद मिलती थी कि वह नर, मादा या बच्चा, क्या है, जब तक उसको पूर्णरूपेण सुनिश्चित न कर लिया जाए।

एकदम सटीक साँचा लेने के लिए रणथम्भौर पार्क के अधिकारियों ने बाघ के अकसर जाने वाले क्षेत्रों में 2 मि.मी. मोटी मिट्टी के साथ पदचिह्न छापने के पैड्स (पीआईपी) बनाने शुरू किए। बीट गार्ड्स को ऐसा इसलिए ज़रूरी लगने लगा क्योंकि मिट्टी फ़र्क होने पर जैसे बलुई या नम मिट्टी होने पर एक ही बाघ के पदचिह्न काफ़ी अलग हो सकते थे। पीआईपी के बनाने और रखरखाव से यह मुद्दा हल हो गया। फिर भी पदचिह्न की निगरानी में सटीकता बहुत कुछ बीट गार्ड्स के कौशल, ईमानदारी और निर्णय पर निर्भर करता था। ऐसे भी उदाहरण मौजूद हैं, जब बाघों की संख्या घटने के बावजूद वनकर्मी बाघों की पर्याप्त संख्या दिखाते रहे।

रणथम्भौर में बाघों के पदचिह्न निगरानी का चलन 1973 में बाघ परियोजना की शुरुआत के साथ ही आरंभ हो गया था। इसने यहाँ काफ़ी अच्छा काम किया और हमने परियोजना में बाघों पर नज़र रखी। अस्सी के दशक के उत्तरार्द्ध में वन्य जीव संरक्षण सोसाइटी (डब्ल्यूसीएस) के प्रसिद्ध वन्य जीव

कैमरा ट्रैप से खिंची नर बाघ (टी-28) की तसवीर।

वैज्ञानिक डॉ. के. उल्लास कारंथ ने यह समझने के लिए कैमरा ट्रैप के साथ काम करना शुरू किया कि क्या बाघ की आबादी को 'कैप्चर रिकैप्चर' पद्धति का उपयोग करके कुशलता से अनुमान लगाया जा सकता है। 1995 में उन्होंने एक वैज्ञानिक लेख प्रकाशित किया, जिसमें उन्होंने बताया कि बाघों की संख्या या अन्य कोई प्राकृतिक प्राणी, जिसे अलग से पहचाना जा सकता है, उसे कैमरा ट्रैप के जरिए आँका जाना चाहिए क्योंकि इससे प्राप्त होने वाले नतीजे बहुत सही होते हैं।

भारत में बाघों की गिरती संख्या और अनिश्चित दस्तावेज़ों ने सरंक्षणवादियों को पदचिह्न पद्धति की आलोचना करने और नई कैमरा ट्रैप पद्धति को अपनाने का मौका दे दिया, जो मानवीय मनोविज्ञान के बजाए तकनीक पर आधारित था। इसके बाद, बाघ परियोजनाओं और देश भर में राज्यों के वन विभाग ने भी इस तकनीक को अपना लिया। वन्य जीवन के अध्ययन और जीवों की संख्या का अनुमान लगाने के लिए कैमरा ट्रैप का इस्तेमाल किया जाने लगा।

कैमरा ट्रैप एक दूर से चलने वाला कैमरा होता है, जिसमें गति या इन्फ्रारेड सेंसर लगे होते हैं। इन कैमरों को जंगल में पगडंडी या नालों के पास लगा दिया जाता है। ज़्यादातर ऐसे क्षेत्रों में जहाँ पहुँचना मुश्किल हो। जब कोई जानवर या चीज़ उसके सामने जाती है तो अपने आप तसवीर खिंच जाती है। विभिन्न प्रजातियों को सूचीबद्ध करने और उनकी संख्या का अध्ययन करने का यह प्रभावी तरीक़ा है क्योंकि बाघों को उनके बदन पर पड़ी धारियों से पहचाना जा सकता है। इसलिए तब से प्रबंधन के लिए उनको अलग से पहचान संख्या दे दी गई। एक ही जानवर की कई तसवीरें होने पर उसे छाँट कर अलग किया जा सकता है। इस प्रकार कैमरा ट्रैप, वन्य जीव संरक्षण के सभी प्रमुख तत्व, जैसे– उनके निवास स्थान पर उनकी संख्या और गतिविधियों के तरीक़े जानने का गैर इनवेसिव उपकरण है।

रणथम्भौर में बाघों की संख्या जानने के लिए इस पद्धति को 2006 में अपनाया गया। 2006 से 2010 तक चार वर्ग किलोमीटर का ग्रिड क्षेत्र (2 कि.मी. x 2 कि.मी.) का नमूना एक जोड़ा कैमरे से लिया गया। 2011-2012 में राष्ट्रीय बाघ संरक्षण प्राधिकरण (एनटीसीए) और भारत के वन्य जीव संस्थान (डब्ल्यूआईआई) ने इस पद्धति को बेहतर करते हुए दो वर्ग किलोमीटर के ग्रिड क्षेत्र में नमूने लेने का काम और सघन कर दिया। दुर्गम क्षेत्रों, जैसे– खड़ी चट्टानों, बीहड़ों और अन्य मानव बहुल क्षेत्रों– को छोड़कर बाक़ी रणथम्भौर के लगभग हर कोने में कैमरा ट्रैप लगा दिए गए। रणथम्भौर के परिधीय क्षेत्र से जुड़े गाँवों में एनजीओ टाइगर वाच के ग्रामीण वन्य जीव स्वयंसेवक कैमरा ट्रैप के साथ सक्रियता से काम कर रहे थे और इस क्षेत्र में रहने वाले बाघों की तसवीरें लेकर वनकर्मियों की मदद कर रहे थे। कैमरा ट्रैप सिर्फ़ बाघ की ही तसवीर नहीं लेते थे बल्कि अन्य पकड़ में न आने वाले जानवरों जैसे– तेंदुए, धारीदार लकड़बग्घे, स्याहगोश, जंगली बिल्ली, मरुस्थली बिल्ली, रैटेल, सिवेट्स आदि की भी तसवीर ले लेते थे।

इस पुस्तक में मैंने बाघों को एक संख्या से उनकी पहचान दी है, जिससे उनका व्यवहार, मौजूदा स्थिति, अधिकार क्षेत्र और गतिविधियों को बताया जा सके। यह कैमरा ट्रैप और धारियाँ पहचान करने वाले सॉफ्टवेयर से ही सम्भव हो सका। इन पहचान संख्याओं का इस्तेमाल सिर्फ़ फॉरेस्ट गार्ड्स ही नहीं करते बल्कि उन वन्य जीव प्रेमियों को भी बता दिया जाता था, जो परियोजना में अकसर आते रहते थे।

पिछले कुछ दशकों से बाघों की निगरानी के लिए एक अन्य पद्धति रेडियो टेलीमेट्री का इस्तेमाल

सामने के पृष्ठ पर : दक्षिणावर्त (ऊपर बाएँ से) कैमरा ट्रैप से खिंची तसवीरें साही; मादा रीछ अपने बड़े होते बच्चों के साथ; एक स्याहगोश; एक रैटेल; तेंदुए; एक लकड़बग्घा।

हेमराज मीणा

लेखक, डॉ. पराग निगम के साथ। वे बेहोश बाघिन (टी-44) को सरिस्का बाघ परियोजना भेजे जाने से पहले उसके खून का नमूना लेते हुए।

किया जा रहा है। इस तकनीक को विश्वभर में अन्य जानवरों पर इस्तेमाल किया जा रहा है लेकिन इसे बाघों पर पहली बार 1980 के दशक में नेपाल के रॉयल चितवन राष्ट्रीय उद्यान में अमरीकी वैज्ञानिकों ने प्रयोग किया। इसमें बाघ को रासायनिक रूप से बेहोश करने के लिए (केटामाइन और ज़ायलाज़ीन के मिश्रण) से भरी शंकु मारी जाती है।

यह एक अत्यधिक कुशल संचालन है और इसमें दी जाने वाली बेहोशी की दवा की सही मात्रा निर्धारित करने के बाद ही इसे प्रयोग किया जा सकता है। यह निर्धारण वन्य जीव के शरीर के वज़न का सही तरह से अनुमान लगाने पर निर्भर करता है। एक बार जब जानवर बेहोश कर दिया गया, तो उसके शरीर को गीले कपड़े से ढक दिया जाता है, जिससे उसका तापमान सही रहे और रक्तचाप नियंत्रण में रहे। वैज्ञानिक जल्दी से जानवर का वज़न लेते हैं, उसके शरीर की नाप-जोख करते हैं, खून और बाल के नमूने लेते हैं और अंत में उसकी गरदन में एक रेडियो कालर लगा देते हैं। फिर उस जानवर को प्रतिकारक दवा देकर होश में लाया जाता है और उसे अपने रास्ते जाने दिया जाता है।

यह रेडियो कालर संकेत भेजता है, जो एक नियत परिधि तक एंटीना की मदद से इसके लिए बनाए गए रिसीवर पकड़ते रहते हैं। रेडियो कालर लगाए गए वन्य जीवों की गतिविधियों पर निगरानी रखने के लिए वनकर्मियों के पास इसके रिसीवर और एंटीना होते हैं। रणथम्भौर में कुछ बाघों की गतिविधियों पर नज़र रखने और उनके व्यवहार के तरीक़ों को जानने के लिए उनको रासायनिक रूप से बेहोश कर रेडियो कालर लगाया गया। रासायनिक रूप से बेहोश करने का तरीक़ा बीमार या घायल जानवरों का इलाज करने के लिए भी अपनाया जाता है। 1987 में देहरादून के भारतीय वन्य जीव संस्थान से प्रशिक्षण लेने के बाद अब तक मैं आपातकालीन स्थितियों में ही इस तकनीक का इस्तेमाल कर बाघों और अन्य मांसाहारी तथा शाकाहारी वन्य जीवों के इलाज और प्रबंधन से संबंधित गतिविधियों के लिए बेहोश करने का तरीक़ा अपनाता रहा हूँ।

आदित्य सिंह

मेरी मरणासन्न अनुभूति

20 अगस्त 2010 शुक्रवार का दिन मैं कभी नहीं भूल सकता, जो निश्चय ही मेरे जीवन का सबसे काला दिन था। यह वह दिन था, जब मैं लगभग मृत्यु के आगोश में पहुँच गया था।

मैं हमेशा की तरह सवेरे उठ गया और जंगल में गश्त पर जाने के लिए सामान्य तैयारियाँ करने लगा। मैं तब बाहर जाने ही वाला था कि मुझे 6 बजे रणथम्भौर बाघ परियोजना के उप निदेशक आरएस शेखावत का वायरलेस पर संदेश मिला। एक नर बाघ परियोजना की सीमा को लाँघकर पास ही के एक गाँव भूरी पहाड़ी में घुस गया है। उसने एक भैंसे को मार दिया था और अब सीमावर्ती गाँवों के खेत में छिपा था। मुझे स्थिति का जायज़ा लेने और बाघ को वापस परियोजना की सीमा में लाने के लिए वहाँ जाना ही था।

मैं ऐसी परिस्थितियों को पहले भी सँभाल चुका था, और मैं बहुत अच्छी तरह समझ सकता था कि भूरी पहाड़ी में क्या दृश्य होगा! मैंने बेहोश करने वाली बन्दूक तथा अन्य उपकरण उठाए और तीन वनकर्मियों के साथ जाने को तैयार हो गया। मैंने स्थानीय वन्य जीव चिकित्सक डॉ. राजीव गर्ग को फ़ोन कर साथ चलने को कहा। वहाँ जाने के 40 कि.मी. के सफ़र में मैं गाड़ी में मजबूरन आमजन और वन्य जीवों के बीच बढ़ते संघर्ष के बारे में सोचता रहा, जो दुनियाभर में चिंता की हद तक बढ़ रहा है और ख़ासकर भारत में आबादी घनी होने के कारण इसका अधिक प्रकोप है। वनों की कटाई के कारण वन्य जीवों के निवास में कमी आने से वन के सीमावर्ती गाँवों में उनका सीधा दख़ल हो गया था। फ़सल का नुकसान, वन्य जीवों को चोट या

टी-7 एक नीलगाय का शिकार करते हुए। टी-7 ही वह बाघ है, जिसने लेखक पर हमला किया था।

मारा जाना और मानव जीवन की हानि आदि सभी ऐसे संवेदनशील मुद्दे हैं, जिन्हें देखभालकर और दूरदर्शिता से निपटाया जाना चाहिए।

हम लोग सुबह 8:30 बजे भूरी पहाड़ी पहुँचे और वहाँ के हालात देख अचम्भे में पड़ गए। चार से पाँच फ़ीट ऊँची फ़सल के एक खेत को बड़ी संख्या में गाँव वाले घेरे हुए थे। लगभग 60 से 70 वनकर्मी और इतने ही पुलिस वाले गुस्से में गरिया रही और पत्थर फेंक रही भीड़ को काबू करने का प्रयास कर रहे थे। मैंने तुरंत ही समझ लिया कि ऐसे में बाघ को बाहर लाना और परियोजना की सीमा में वापस ले जाना बहुत कठिन था। इसके बावजूद हमें स्थिति

टी-7 ज़ोर से दहाड़ने की एक मुद्रा में।

को सँभालने के लिए कुछ तो करना ही था। तो हमने तय किया कि कंधे तक ऊँची फ़सल के बीच बाघ को खोजेंगे। कुछ ही समय में हमने पता कर लिया कि वह कहाँ है! वह बाघ एक मिट्टी के ढेर से आगे फ़सल में छिपा था और पेड़ पर चढ़े कुछ गाँव वाले भी उसे देख सकते थे। चूँकि हम फ़सल से भरे खेत में खड़े थे तो वह ठीक से दिखाई नहीं दे रहा था। उप निदेशक जो तब तक वहाँ पहुँच गए थे, ने पुलिस वालों से बढ़ रही भीड़ को नियंत्रित करने और वहाँ से दूर रखने के लिए कहा, जिससे बाघ को जंगल में जाने का रास्ता मिल सके जो मात्र दो कि.मी. दूर था। इससे लोगों का गुस्सा और बढ़ गया तथा वे बाघ

की तरफ़ पत्थर फेंकने लगे। वहाँ आसपास के गाँवों के लोग भी जमा होने लगे और भीड़ पूरी तरह से अनियंत्रित हो गई।

बाघ को और ठीक से देख सकें, इस प्रयास में उप निदेशक शेखावत, वनकर्मी हुकुम चंद, फॉरेस्ट गार्ड राजवीर और मैं उसी मिट्टी के ढेर के दूसरी तरफ़ जाने के लिए बढ़े। हमने इस उम्मीद में कुछ पटाख़े जलाकर बाघ की तरफ़ फेंके कि वह डर जाएगा और जंगल की तरफ़ भाग जाएगा। हमारे दो बार ऐसा करने पर बाघ उठा, गरजा और पास के खेत में भाग गया। वहाँ मौजूद भीड़ का शोर उस पटाख़े से भी ज़्यादा था और बाघ फिर से फ़सल के बीच में छिप गया। बाघ को बेहोश करने के लिए अब उस तक पहुँचना कतई नामुमकिन था। हम

अपनी जिप्सी को फ़सल से भरे खेतों में नहीं ले जा सकते थे क्योंकि कुछ दिखाई न देने के साथ ही वहाँ गहरे नाले भी थे। इसलिए हमने फ़ैसला किया कि बेहोश करने के उपकरणों के साथ वहाँ से हट जाएँ और जब भीड़ कम हो तब फिर से आएँ।

जब हम ऐसा कर रहे थे तभी मुझे सहायक वन संरक्षक (एसीएफ) एस.आर. यादव का संदेश मिला कि दूसरी तरफ़ भीड़ दंगे पर उतारू थी। वे पुलिस वालों को धमकी दे रहे थे कि अगर उन्होंने तुरंत बाघ को पकड़ नहीं लिया या मार नहीं दिया तो वे ज़बरदस्ती उनकी बन्दूकें छीन कर खुद ही

भूरी पहाड़ी पर चार से पाँच फ़ीट ऊँची फ़सल के बीच बड़ी संख्या में गाँव वाले एक खेत को घेरे हुए।

हेमराज मीणा

हेमराज मीणा

वहाँ आसपास के गाँवों के लोग भी जमा होने लगे और भीड़ पूरी तरह से अनियंत्रित हो गई।

बाघ को मार डालेंगे। मुझे ही अपनी टीम के साथ तुरंत घटनास्थल पर पहुँचने और किसी तरह अपने अभियान को चालू रखने को कहा गया। जब मैं तीन वनकर्मियों के साथ पैदल ही खेतों में जा रहा था तो मुझे किसी भयानक दुर्घटना का पूर्वाभास हो रहा था। मैंने बेहोश करने वाली बन्दूक में दवा भरकर लॉक किया और हुकुम चंद को दे दी और उसी बीच एसीएफ यादव को वायरलेस पर अपनी स्थिति की जानकारी दे दी। तभी आठ से दस ग्रामीण बीहड़ से निकल आए और मुझसे तथा मेरी टीम से ज़ोर-ज़बरदस्ती करने लगे। उन्होंने हुकुम चंद से बन्दूक छीन ली और चिल्लाने लगे कि वे खुद ही बाघ को मारने में सक्षम हैं। उनको कुछ नहीं पता था कि इस बन्दूक को कैसे इस्तेमाल किया जाना है, जिसमें (7 मि.ली.) केटामाइन और ज़ायलाज़ीन का मिश्रण भरा है। इस घातक दवा की बस 2 मि.ली. मात्रा एक व्यक्ति को मार सकती थी। मुझे चिंता हो रही थी कि बन्दूक की संवेदनशील सुरक्षा पकड़ खुली हो

ऊँची फ़सल के बीच में बाघ को ढूँढ़ते लेखक (बाएँ से दूसरे) रणथम्भौर बाघ परियोजना की टीम के साथ।

सकती है, मामूली-सा दबाव भी दवा को सक्रिय कर सकता है। इन बीहड़ों में और लोग आ गए और बददिमाग़ लोगों के साथ हो लिए। मैंने उन्हें समझाने और बन्दूक वापस लेने का प्रयास किया। हम लोग बीहड़ के बीच में खड़े थे जबकि बाक़ी की भीड़, पुलिस वाले और वनकर्मी आधा कि.मी. दूर बीहड़ के दूसरी तरफ़ थे। वे यहाँ हो रही गड़बड़ी और ज़ोर-ज़बरदस्ती को देख सकते थे। शुक्र है कि प्रकृतिवादी हेमराज मीणा और कुछ अन्य स्थानीय नागरिकों ने उन हमलावरों को काबू में करने की कोशिश की।

मेरा वर्षों का अनुभव यह कहता था कि इन हालात में बाघ को बेहोश नहीं किया जा सकता था जब कि हम घनी फ़सल के बीच उसे देख भी नहीं सकते थे। इसके अतिरिक्त खेत को चारों तरफ़ से अनियंत्रित भीड़ ने घेर रखा था। एसीएफ यादव और मैंने भीड़ को समझाने का प्रयास किया कि वे वहाँ से चले जाएँ क्योंकि हम काम नहीं कर पा रहे हैं। जिससे उनका गुस्सा और भड़क गया तो मैंने

बाघ की तलाश में पेड़ के ऊपर बैठे लोग। भीड़ लगातार बढ़ रही थी और गुस्साई भीड़ को काबू करना मुश्किल हो रहा था।

हेमराज मीणा

बन्दूक ली और ऊँची फ़सल के बीच अपनी टीम के साथ बाघ को ढूँढ़ते हुए चल दिया। लगभग एक घंटे तक खेत छानने के बाद हमें उसकी हलकी-सी झलक में काली पीली धारियाँ दिखाई दीं। अपने बेहतर निर्णय के अनुसार मैंने उस दिशा में फ़ायर कर दिया। ऐसा लगा कि शंकु बाघ को लग गया है। लेकिन बाघ पर बेहोशी की दवा असर करने के लिए ख़ामोशी की ज़रूरत होती है। यहाँ हालात उससे बहुत अलग थे। भीड़ लगातार चिल्लाए जा रही थी। जब हमने भीड़ से शांत रहने का अनुरोध किया, उन्होंने बाघ की तरफ़ पत्थर फेंके, जो खड़ा हुआ और गरजने के साथ जंगल की तरफ़ भागने लगा। क़रीब आधा कि.मी. फ़ासला तय करने के बाद वह पुनः फ़सलों के बीच में घुस गया। डॉ. गर्ग और मैं उस स्थान को देखने गए, जहाँ बाघ उस समय बैठा था, जब उसे शंकु लगा। हमें वहाँ मुड़ी हुई सुई के साथ शंकु मिल गया। वहाँ थोड़ा-सा खून और सुई पर बाघ के बाल थे। शंकु उसे निश्चित रूप से लगा था, पर शायद हड्डी में लगा, जिसके कारण दवा ठीक से नहीं लग पाई।

स्थिति और ख़राब तथा ख़तरनाक होती जा रही थी। वहाँ पर परेशानहाल एक बाघ बेहद गुस्से में खेतों में छिपा था और उस खेत को उतने ही गुस्से में भीड़ ने घेर रखा था। मेरे पास इसके सिवा कोई रास्ता नहीं था कि परिस्थितियाँ विपरीत होने के बावजूद मैं एक बार फिर से उस बाघ को ढूँढूं। मैं

सनी पाटिल

ऊपरः जंगल में अपनी टीम के साथ लेखक, बाघ की खोज करते हुए।
सामने के पृष्ठ परः घनी झाड़ियों के बीच से अचानक बाहर निकलकर आया बाघ, एक आक्रामक मुद्रा में।

हुकुम चंद, राजवीर और तुलसीराम के साथ बाघ को ढूँढ़ने के लिए खेत में चला गया। हम लोग जब आगे बढ़ रहे थे तो वहाँ कुछ दिखाई नहीं दे रहा था। तभी हमने देखा कि क़रीब 50 मीटर दूर घनी झाड़ियों से घिरा हुआ बड़ा-सा एक मिट्टी का टीला है। मुझे लगा कि इस टीले से बाघ को देखने में सहूलियत हो सकती है। बड़ी परेशानी के साथ दो बार फिसलने के बावजूद हम किसी तरह मिट्टी के टीले पर चढ़ गए। जो लोग पेड़ के ऊपर चढ़ गए थे, वे वहाँ से बाघ को देख सकते थे और उन्होंने वह दिशा बताई, जहाँ वह था। मुझे बहुत धुँधली-सी बाघ की धारियाँ दिखाई दीं, वह क़रीब 50 से 60 फ़ीट दूर होगा। बाक़ी तीनों वनकर्मी मेरे पीछे थे और हम बाघ की स्थिति या बैठने की मुद्रा का पता नहीं लगा सके।

सनी पाटिल

डॉ. धर्मेंद्र खांडल

हालाँकि बाघ टीले पर खड़े हम लोगों को साफ़ देख सकता था। वह हम लोगों पर गरजा और फिर घूमकर विपरीत दिशा में जंगल की तरफ़ बढ़ने लगा। हमने इंतज़ार किया कि वहाँ से जाते समय उसकी झलक दिख जाए। अचानक हमने बहुत पास से गरजने की आवाज़ सुनी। मैंने देखा कि मुश्किल से आठ से दस फ़ीट दूर मेरे सामने वाली झाड़ी से बाघ निकल रहा है। वह गरजने के साथ ही बेहद आक्रामक दिखाई दे रहा था। बेहोश करने वाली बन्दूक मेरे दाहिने हाथ में थी लेकिन इससे पहले कि मैं कुछ सोच पाता बाघ ने मुझ पर आक्रमण कर दिया।

मैं चिल्लाया और पलटने की कोशिश की, लेकिन तब तक बहुत देर हो चुकी थी! बाघ मुझ पर चढ़ चुका था, अपने पंजे को मेरे शरीर में गड़ाते हुए, मेरे दाहिने हाथ को जबड़ों में जकड़ लिया। उसका दाहिना पंजा मेरी छाती पर था, नाखून गड़ गए थे। मैंने उसे दूर धकेलने की कोशिश में अपनी पूरी ताक़त लगा दी, लेकिन मैं बाघ के भारी वज़न के साथ ज़मीन पर गिर पड़ा। यह मेरे जीवन का सबसे भयानक दुस्वप्न था, लेकिन इस बार यह वास्तव में हो रहा था। मैं अपने माथे से लेकर चेहरे के दाहिनी ओर जबड़े तक अपनी हड्डियों का टूटना और कुचला जाना सुनकर महसूस कर सकता था।

बाघ ने अकस्मात लेखक पर हमला कर दिया और उनके पूरे हाथ को अपने जबड़े में दबोच लिया।

लेखक ने अपनी पूरी शक्ति बटोर कर बाघ को धक्का देने का प्रयास किया किन्तु उनके ऊपर बाघ का भारी वज़न होने के कारण वह ज़मीन पर गिर गए।

सनी पाटिल

सनी पाटिल

डॉ. धर्मेंद्र खांडल

लेखक के चेहरे से बह रहे खून को रोकने के लिए सहकर्मी चेहरे को अँगोछे से लपेटते हुए।

मैं बड़ी मुश्किल से साँस ले पा रहा था और खुद को मृत्यु के लिए तैयार करना शुरू कर दिया था। फिर, अचानक, मेरे ऊपर से वह सारा वज़न हट गया और बाघ दहाड़ते हुए चला गया। मैं अभी भी जीवित था! मैं इस पर विश्वास ही नहीं कर पा रहा था। मैं किसी तरह, खड़ा हुआ और मदद के लिए देखने लगा। वहाँ आसपास कोई नहीं था।

मैंने अपने मन में सोचा कि मै इस भयानक हादसे में इसलिए तो नहीं बचा कि मुझे सब छोड़ कर चले जाएँ। मुझे खड़ा होने के लिए ही बहुत प्रयास करना पड़ रहा था। मैंने अपने चेहरे को छुआ तो दाहिने गाल के बगल में गेंद जैसा कुछ लटकता हुआ मिला। यह मेरी आँख थी, जो ऑक्यूलर सॉकेट से बाहर निकल आई थी। हर जगह खून था। आश्चर्य

डॉ. धर्मेंद्र खांडल

लेखक को वहाँ से चारपाई पर लिटा कर ले जाते हुए।

की बात है कि इसके बावजूद उस क्षण मुझे कोई दर्द महसूस नहीं हो रहा था। फिर मुझे क्रोध आ गया और क्रोध इतना भयानक था कि मैं काँपने लगा। यह गुस्सा वहाँ चिल्ला रही, अनियंत्रित और पागल भीड़ पर था, जिसने परेशानहाल बाघ को इतना क्रोधित कर दिया था कि उसने मुझे रौंद दिया। यह मेरे स्टाफ़ के सदस्यों पर भी था, जो तब मेरे आसपास नहीं थे, जब मुझे उनकी सबसे ज़्यादा ज़रूरत थी। मैं अपनी लाचारी पर तब तक चिल्लाता रहा जब तक कि मेरे फेफड़े फटने नहीं लगे। इससे कुछ लोग मेरी ओर दौड़ते हुए आए; वे चकित थे कि मैं अब भी जीवित था क्योंकि उन्होंने मुझे मृत मानकर छोड़ दिया था।

तब दर्द होना शुरू हुआ। एक असहनीय, फूट निकलने जैसा दर्द, जिसे मैंने इससे पहले

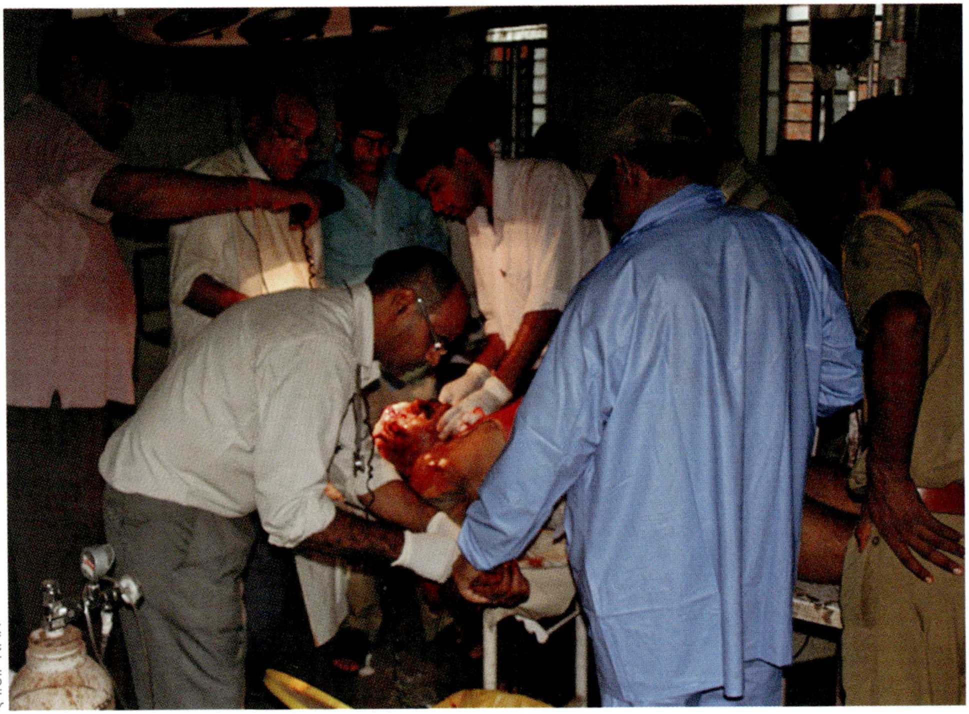

एम.डी. पराशर

इस भयानक हादसे के बाद लेखक को प्राथमिक इलाज देते हुए।

कभी अनुभव नहीं किया था। हेमराज और मेरे स्टाफ़ ने बह रहे खून को रोकने के लिए मेरे चेहरे को अँगोछे से लपेट दिया। मैं पीछे उप निदेशक शेखावत और एसीएफ यादव की आवाज़ सुन पा रहा था, जो मुझे एक खटिया में लिटाने और फिर जिप्सी में ले जाने का इंतज़ाम कर रहे थे। मैं इतने होश में था कि उन्हें बता सकूँ कि मेरा ब्लडग्रुप ए+ है और वे खून चढ़ाने का इंतज़ाम कर लें, अन्यथा मैं बच नहीं पाऊँगा। मैं महसूस कर सकता था कि भीषण दर्द के कारण मेरे शरीर के सभी अंग अकड़ रहे थे, लेकिन मैंने तय किया जब तक मैं सवाई माधोपुर अस्पताल तक नहीं पहुँच जाता, अपनी आशा और विश्वास नहीं खोना है। भूरी पहाड़ी से सवाई माधोपुर की 40 कि.मी. की यात्रा मेरे जीवन

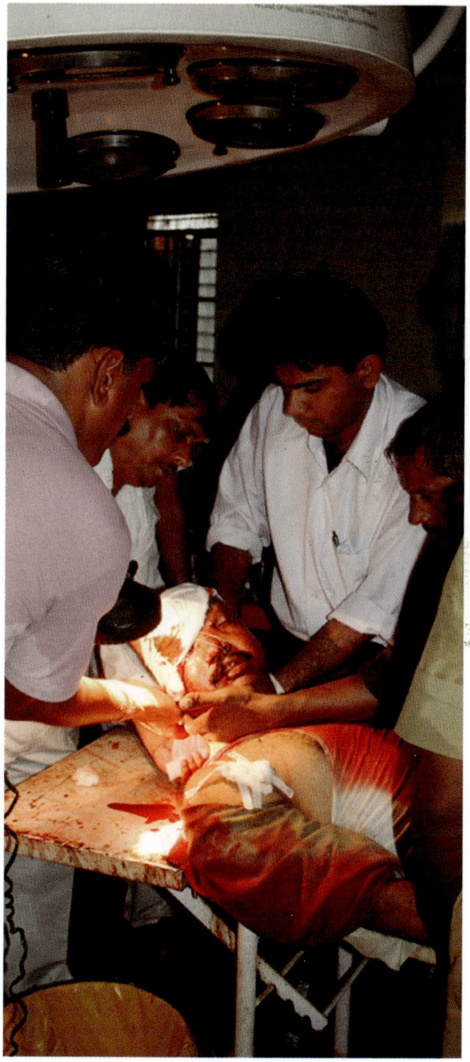

एम.डी. पराशर

की शायद सबसे लम्बी यात्रा रही होगी, उस समय तो ऐसा ही लग रहा था।

मैं अपने बारे में लोगों को बात करते सुन सकता था पर कुछ साफ़ नहीं था। इस बीच मैं एसीएफ यादव की आवाज़ पहचान पाया जो, मुझसे पूछ रहे थे, क्या मैं होश में हूँ! मैं जवाब नहीं दे सकता था क्योंकि मेरे मुँह में खून भरा था, मेरी नाक का ऊपरी हिस्सा पूरी तरह से टूट गया था और खून मेरे सिर से बह कर नाक से पेट की तरफ़ जा रहा था। मैं बुदबुदाया, जिससे उन्हें पता चले कि मैं होश में हूँ। इसके बाद सब कुछ धुँधला-सा था और मुझे अस्पताल में दर्दनिवारक दवा माँगने के अलावा कुछ याद नहीं है और बस इतना कि जब मुझे हवाई जहाज से जयपुर ले जाया गया तब बारिश हो रही थी। मैंने हुकुम चंद, राजवीर और तुलसीराम के बारे में भी पूछा था, जो उस समय मेरे साथ थे, जब बाघ ने हमला किया। मुझे बताया गया कि वे बिलकुल ठीक हैं और फिर जहाज के चलते ही मैं बेहोश हो गया।

मुझे जयपुर के सवाई मानसिंह (एसएमएस) अस्पताल के सघन चिकित्सा कक्ष में 12 दिनों तक रखा गया और बाद में दो माह के लिए कॉटेज वॉर्ड में भेज दिया गया। मुझे याद है जब डॉक्टर मेरी जाँच कर रहे थे तो उनका इशारा मेरे जबड़े की तरफ़ था। दाहिनी तरफ़ का चेहरा पूरी तरह से कुचल गया था और बाक़ी का चेहरा तथा नाक भी गम्भीर रूप से ज़ख्मी थी। मेरा जबड़ा टूट गया

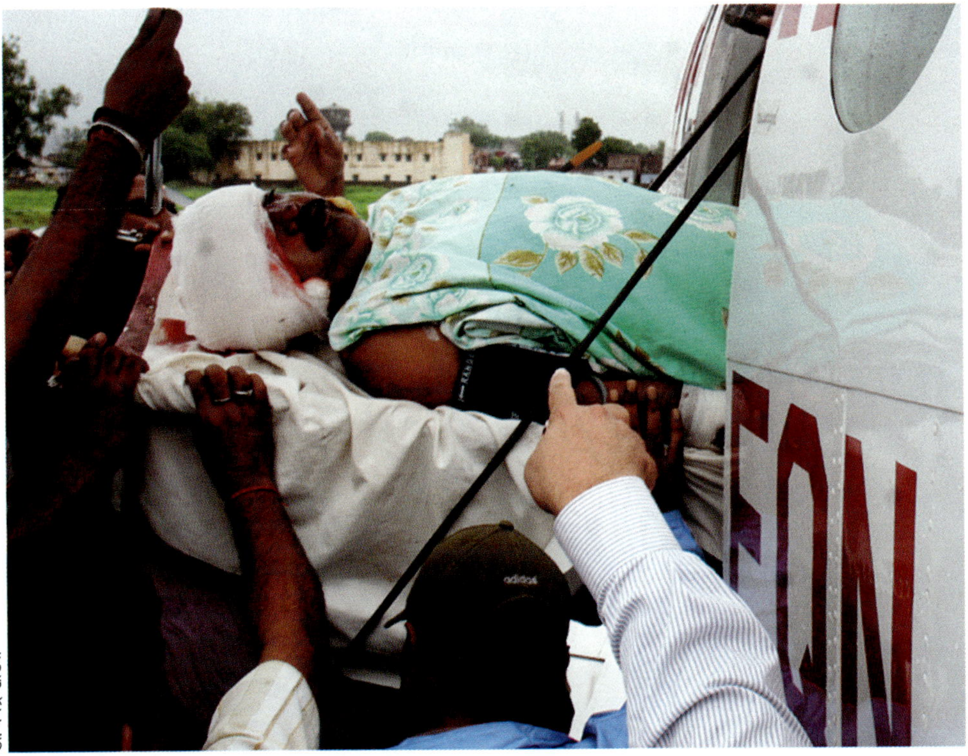

डॉ. धर्मेंद्र खांडल

लेखक को गम्भीर रूप से घायल अवस्था में सवाई माधोपुर से हवाई जहाज से जयपुर ले जाया गया।

था और ऑपरेशन करके उसे तार से एक माह के लिए बाँधा गया था। एक महीने तक मेरा खाना और साँस लेना श्वासप्रणाली (ट्रेकिआ) में पाइप डालकर चलता रहा। मैं 20 अगस्त को भर्ती किया गया था पर 23 अगस्त तक मुख्य ऑपरेशन इसलिए नहीं किए जा सकते थे क्योंकि रैबीज़ का इलाज पूरा होने के लिए 72 घंटे इंतज़ार करना था। मुझे याद है तब राजस्थान के मुख्यमंत्री अशोक गहलोत, वरिष्ठ वन अधिकारी, सहकर्मी, मित्र और मेरा परिवार मुझसे मिलने और “धैर्य रखो, जो बुरा था वह बीत गया” के संदेश के साथ मेरा उत्साह बढ़ाने के लिए अस्पताल आए थे।

सबसे मुख्य कारण सम्भवतया जिसने मुझे चलाए रखा, वह मेरी अपूर्ण पारिवारिक ज़िम्मेदारियाँ थीं। मेरा बेटा साउथ अफ्रीका की एक बहुराष्ट्रीय कम्पनी में काम कर रहा था और मेरी बेटी गुड़गाँव में बैंककर्मी थी। मुझे मरने से पहले उनका विवाह करके यह तसल्ली कर लेनी थी कि वे ठीक से बस गए हैं।

23 अगस्त को जब मेरा ऑपरेशन किया गया, तब मैंने देखा कि यमराज मुझे लेने आए हैं। मैं नहीं जानता, वह एक मतिभ्रम था या एक दवा के कारण आया सपना, लेकिन वह आज भी उतना ही ताज़ा है जैसे कि सचमुच वैसा कुछ हुआ हो। उन्होंने (यमराज) मुझे बताया कि मेरा दूसरे लोक में जाने का समय आ गया था। मैंने इसका विरोध करते हुए कहा कि मैं अभी इसके लिए तैयार नहीं हूँ क्योंकि मुझे अपना जीवन छोड़ने से पहले बहुत सारे कर्तव्यों को पूरा करना है। जिस पर उन्होंने जवाब दिया कि मैंने एक योद्धा की तरह मौत से लड़ाई की है, इसलिए मुझे अब मरने से नहीं डरना चाहिए। उन्होंने कहा कि मृत्यु और समय किसी का

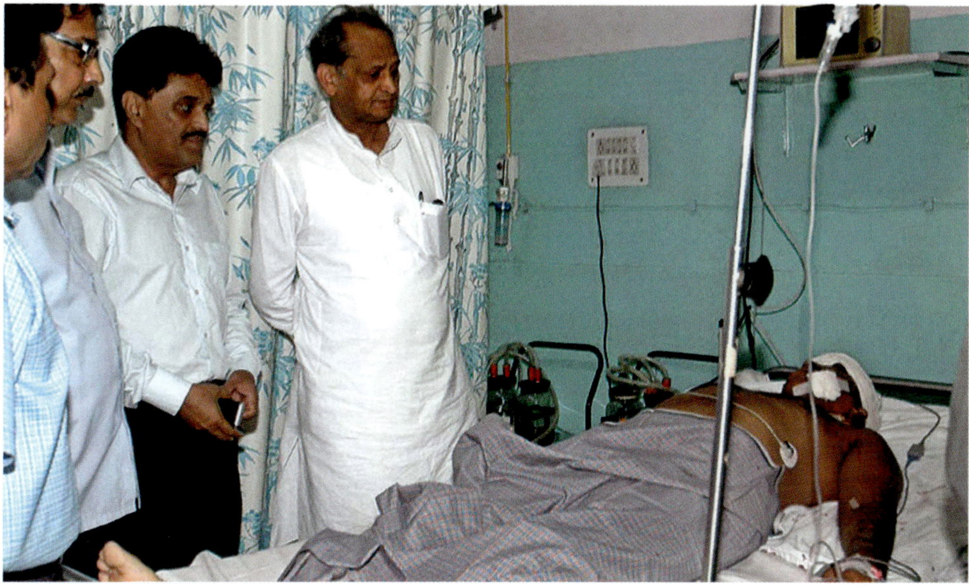

धीरेन्द्र गोधा

जयपुर के एसएमएस अस्पताल में राजस्थान के मुख्यमंत्री अशोक गहलोत व अन्य।

इंतज़ार नहीं करते और मैं वास्तव में भाग्यशाली था कि मृत्यु को टालने के लिए कुछ और समय मिला है। उनके शब्दों को सुनकर, मैं दुख से अभिभूत हो गया। मैंने माता-पिता, पत्नी और बच्चों के बारे में प्यार से सोचा, और फिर खुद को भाग्य के सहारे छोड़ दिया। उन्होंने मुझसे कहा कि मैं एक साहसी आदमी की मौत मर रहा था और मुझे खुद पर गर्व होना चाहिए। मैंने महसूस किया कि जैसे ही उन्होंने 10 से पीछे की ओर गिनना शुरू किया मेरी सारी चिंताएँ दूर हो रही हैं। क्योंकि शून्य पर, मेरा जीवन समाप्त हो जाएगा। मुझे अब कोई डर नहीं था। यह ऐसा था, जैसे मैं एक गहरे अँधेरे कुएँ में गिर रहा हूँ और एक खाई में जा रहा हूँ।

तभी, किसी ने मेरे हाथ को पकड़ कर धीरे से दबाया। मेरी आँखें खुली की खुली रह गईं और मुझे अपने आसपास मधुर आवाज़ें सुनाई दे रही थीं। मेरी पत्नी मेरा हाथ पकड़े थीं और बता रही थीं कि मेरा ऑपरेशन ठीक से हो गया और अब मुझे इसके बाद की देखभाल के लिए आईसीयू ले जा रहे थे। मैं विश्वास ही नहीं कर पा रहा था कि मैं ज़िंदा था और अपने परिवार के साथ था; मैंने खुद को एक चुटकी भी काटी यह देखने के लिए कि मैं ज़िन्दा था। मेरे बेटा, बेटी और कुछ रिश्तेदार भी आए थे। मैं उनको यमराज के साथ अपनी इस मुलाकात का यह पूरा वाकया नहीं सुना पाया क्योंकि मेरे जबड़े तार से बँधे थे और मैं बोल नहीं सकता था। फिर भी मैंने पत्नी को एक रजिस्टर में लिखकर बताया कि जैसे ही मैं बोलने की स्थिति में आऊँगा मुझे बहुत महत्वपूर्ण बात बतानी है।

मुझे जयपुर के अस्पताल में उपलब्ध सर्वश्रेष्ठ इलाज मुहैया कराया गया क्योंकि खुद राजस्थान के मुख्यमंत्री अशोक गहलोत और विभाग के वरिष्ठ वन अधिकारी पूरा हस्तक्षेप बनाए हुए थे। अपोलो अस्पताल में मेरी आँख के ऑपरेशन के लिए आर्थिक मदद दिलवाने के लिए मैं डब्ल्यूडब्ल्यूएफ इंडिया के मुख्य अधिशासी अधिकारी रवि सिंह का शुक्रगुज़ार हूँ। इससे पहले मैं आँख के इलाज के लिए मुम्बई और अहमदाबाद भी गया था। स्टील की तीन प्लेट और 20 पेच की मदद से मेरी दाहिनी तरफ़ के चेहरे और सिर की हड्डी फिर से बनाई गई; आज तक चेहरे के दाहिनी तरफ़ कोई मुझे कोई अहसास नहीं है। मेरे जबड़े पूरी तरह से काम नहीं करते हैं और मैं सिर्फ़ बाईं तरफ़ से ही खाना चबा या खा पाता हूँ। मेरी दाहिनी आँख का सॉकेट भी फिर से बनाया गया है और उसमें कृत्रिम आँख लगाई गई है। मैं सिर्फ़ एक ही आँख से देख सकता हूँ लेकिन मेरा दृढ़ विश्वास है कि प्रकृति के करिश्मों को देखने और ईश्वर की अद्भुत रचना की तारीफ़ करने के लिए इतना काफ़ी है।

मैं यमराज के साथ अपने इस सबसे अविस्मरणीय अनुभव को जान पाने में सक्षम नहीं हूँ, लेकिन मैं शुक्रगुज़ार हूँ कि मुझे अपने कर्तव्यों

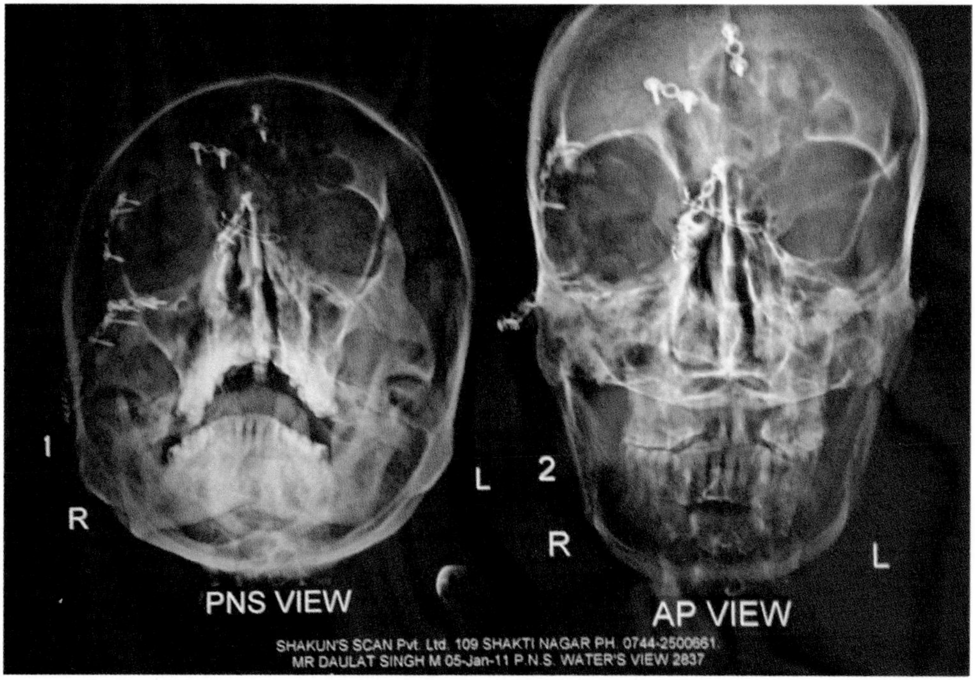

स्कैन से पता चलता है कि लेखक का दाहिनी तरफ़ का चेहरा पूरी तरह से कुचल गया था और जबड़ा टूटने के अलावा बाक़ी के चेहरे तथा नाक में भी गम्भीर चोटें थीं।

को पूरा करने का एक मौका मिला है। मेरे पुत्र और पुत्री दोनों की अब शादी हो चुकी है और मैं एक परी-सी बिटिया का दादा भी बन गया हूँ। जीवन के प्रति मुझमें अगाध श्रद्धा है और अंततः जब तक मेरा 'समय' नहीं आ जाता, मैं वन्य जीवन और संरक्षण के लिए काम करता रहना चाहता हूँ। मुझे बाघ टी-7 से कोई शिकायत नहीं है, जिसने लगभग मुझे हमेशा के लिए खतम कर दिया था। उसने स्थानीय ग्रामीणों के हाथों घंटों तक पीड़ा सहने के बाद आत्मरक्षा में मुझ पर आक्रमण किया था। जानवर इनसान की बनाई सरहदें नहीं समझ पाते हैं। टी-7 नहीं जानता था कि जब उसने खाने के लिए भैंसे को मारा तो वह भटक कर इनसान के रिहायशी इलाक़े में आ गया है और इसके लिए उसको भीड़ के द्वारा पत्थर

13 अक्टूबर 2010 को केलादेवी राष्ट्रीय पार्क में टी-7 की कैमरा ट्रैप से खिंची तसवीर।

फेंककर तथा चिल्लाकर परेशान किया जाएगा। उन्होंने उसको न तो खेतों की फ़सलों में छिपकर बैठने दिया और न ही जंगल के अपने परिचित वातावरण में जाने दिया। वह वहाँ इकट्ठा हुए लोगों से ज़्यादा भयभीत था। मुझ पर हमला भी पूरी तरह से इन्हीं लोगों की वजह से हुआ था। इससे वे लोग दंग रह गए होंगे इसलिए बाघ मौके से भाग निकलने में क़ामयाब रहा। वह रणथम्भौर से बाहर चला गया और 200 कि.मी. से ज़्यादा सफ़र करके करौली की तरफ़ और अंत में उत्तर प्रदेश में मथुरा चला गया। उसको ढूँढ़ने और निष्क्रिय करने के सभी प्रयास शुरू में असफ़ल रहे। वह 10 अक्टूबर 2010 को भरतपुर के केलादेवी राष्ट्रीय पार्क (केएनपी) पहुँच गया, जहाँ से बाद में उसको 23 फरवरी 2011 को सरिस्का बाघ परियोजना भेज दिया गया।

हालाँकि मैं पूरी तरह से ठीक नहीं हो पाया था, मैं उस दल का हिस्सा बन गया, जिसने उसे बेहोश किया था और आर.एस. शेखावत, अनूप के.आर., डॉ. मलिक, डॉ. शंकर, डॉ. शुभदीप और केएनपी के अग्रिम श्रेणी के कर्मचारियों के साथ उसे बेहोश करने की प्रक्रिया का एक हिस्सा था। टी-7 अब सरिस्का में है और प्रबल नर बाघ एसटी-6 के नाम से जाना जाता है।

उस मुठभेड़ को अब क़रीब एक दशक हो चुका है, फिर भी उसकी यादें ताज़ा हैं। वहाँ मेरे साथ वह हादसा होने के समय बड़ी संख्या में वन विभाग के अधिकारियों और कर्मचारियों के अलावा पुलिस वाले मौजूद थे; वह हमला उनमें से ज़्यादातर की नज़रों के सामने हुआ। यदि उन्होंने सिर्फ़ थोड़ा-सा हस्तक्षेप किया होता या सक्रिय हो गए होते, तो सम्भव है कि मेरी दोनों आँखों में रोशनी होती और अपने जबड़ों का ठीक से इस्तेमाल कर पा रहा होता। बाघ ने मेरे

फ़ोटो: अबरार ख़ान

भरतपुर के केलादेवी राष्ट्रीय पार्क में टी-7 को बेहोश करके रेडियो कालर लगाते हुए।

दाहिनी तरफ़ के सिर को मुँह में लेने से पहले शुरू में मेरे हाथ को जबड़े में जकड़ रखा था।

इसको मैं बाद में समझ पाया कि, यह तब हुआ जब राजवीर, हुकुम चंद और तुलसीराम ने लाठी से उस पर हमला किया। वे उसकी पीठ पर तब तक लाठियाँ बरसाते रहे जब तक वह मुझे छोड़कर उन पर नहीं झपट पड़ा। फिर वे भाग खड़े हुए लेकिन उन्होंने मेरी जान बचा ली क्योंकि फिर बाघ भी वहाँ से भाग गया। यदि बन्दूकों से लैस पुलिस ने हवा में गोलियाँ चलाई होतीं या बाघ का ध्यान बँटाने के लिए झुंड में उसकी तरफ़ बढ़े होते तो मेरी खौफ़नाक कहानी का अंत कुछ फ़र्क हो सकता था। खैर, होता वही है जो होना होता है, मैं ख़ुश हूँ कि ज़िन्दा हूँ।

पुनर्स्थापन के बाद सरिस्का बाघ परियोजना में एक जलाशय से पानी पीता टी-7

15 अगस्त 2011 को मुझे जयपुर में राजस्थान के मुख्यमंत्री द्वारा उत्कृष्ट सेवा पुरस्कार दिया गया। डब्ल्यूडब्ल्यूएफ इंडिया ने भी नई दिल्ली में मुझे एक प्रशस्ति पत्र देकर सम्मानित किया; इसके अलावा कई पुरस्कार जैसे सेंचुरी एशिया पुरस्कार तथा आरबीएस और रणथम्भौर फाउंडेशन पुरस्कार भी मुझे दिया गया, जिसने निश्चित तौर पर मेरे मनोबल को बढ़ाया।

मीडिया में टी-7 के साथ मेरी इस दुर्भाग्यपूर्ण मुठभेड़ को बहुत कवरेज मिला। यह ज़्यादातर

सकारात्मक था और मेरे साहस तथा कर्तव्य के प्रति समर्पण की सराहना की गई। हालाँकि, जानकार लोगों का एक वर्ग इस प्रकरण को लेकर व्यंग्यात्मक था। जिन लोगों को स्थिति का कोई ज्ञान नहीं है, यदि उनके द्वारा केवल उस दिन क्या हुआ था, उसकी आलोचना की गई, तो मैं इसे दरकिनार कर दूँगा। लेकिन अगर आलोचना किसी ऐसे व्यक्ति के द्वारा की गई होती है, जो संरक्षित जंगलों की परिधि पर मानव-वन्य जीव के संघर्ष की परिस्थिति से अच्छी तरह वाक़िफ़ है, तो मुझे गहरा दुख होता है।

मैं पैदल ही बाघ का पीछा करने में ख़तरों से पूरी तरह परिचित था जैसी कि स्थिति 20 अगस्त 2010 को थी। मैंने अपने कार्यकाल का पूरा समय राजस्थान वन विभाग के वन्य जीव प्रभाग में, ख़ासकर बाघ के क्षेत्रों में काम करते हुए बिताया था। मैं जानवरों के व्यवहार और उनके अस्थिर स्वभाव से परिचित हूँ। हमने भीड़ के वहाँ से छँट जाने तक के लिए अभियान को रोकने का फ़ैसला किया था लेकिन वहाँ की भीड़ उन्माद से भरी हुई थी और उसको पुलिस तथा वन विभाग नियंत्रित नहीं कर सकता था। तो मैंने वही किया जिसकी मुझसे अपेक्षा की जाती थी। मैं न तो लापरवाह था और न ही ऐसी बहादुरी की शेख़ी झाड़ रहा था कि सेवानिवृत्त से कुछ साल पहले अपने जीवन को जोखिम में डाल दूँ। आलोचकों द्वारा मेरी बेहोश करने की क्षमता पर भी प्रश्नचिह्न लगाए गए। हैरत की बात है कि कई अन्य मामलों में जब मैंने कई बार पैदल ही किसी विडालवंशी को बेहोश कर स्थानांतरित किया था तो इन्हीं लोगों ने मेरी प्रशंसा की थी।

वन्य जीवों के लिए मेरा प्यार सच्चा है; दरअसल, जंगलों में वन्य जीवों के बीच सक्रिय रूप से काम करने के अलावा मैं किसी अन्य तरह का काम करने की सोच भी नहीं सकता।

जब टी-7 से मुठभेड़ के बाद मैं दोबारा कार्यालय में आया, तो मुझे गृहनगर कोटा में वन विभाग में एक डेस्क की नौकरी दे दी गई। मैं बहुत दुखी था और मेरे लिए जंगल से बहुत दूर, अपने बाक़ी के कार्यकाल डेस्क के पीछे काम करने की कल्पना करना भी मुश्किल था। मेरा परिवार मेरे दुख का गवाह था और वे अनिच्छा से मुझे एक सक्रिय फ़ील्ड पोस्टिंग के लिए कहने पर सहमत हो गए।

मैं 16 अगस्त 2011 को फिर वापस रणथम्भौर के जंगल में था, उस घटना के ठीक एक साल बाद, उसी माहौल में, जो मेरी आत्मा से अविभाज्य है।

उस्ताद की कहानी

यह उस्ताद (टी-24) की कहानी है, जो एक आक्रामक बाघ था। वह रणथम्भौर बाघ परियोजना में आज़ाद पैदा हुआ था और वहीं खुला घूमता था। इस विडालवंशी ने अपनी युवावस्था में परियोजना का एक बहुत बड़ा भाग पर्यटन क्षेत्र 1 से 2 तक अपने आधिपत्य में कर रखा था।

वर्ष 2006 में छिन्दली-सकड़ी बाघिन (टी-22) ने अपने पिछले प्रसव में तीन नर शावकों को जन्म दिया। उनका पिता झुमरू (टी-20) था, जिन्होंने रणथम्भौर बाघ परियोजना के खण्डार, गिलई सागर, लाहपुर, गुढा, पांडुदाह और किसनिदाह क्षेत्रों में एक बड़ा इलाक़ा बना रखा था। 2008 की गरमियों में एक सुबह, मैंने लंगड़ी माता के चाठा जलाशय में बाघिन को अपने तीन अल्प वयस्क बाघों के साथ देखा। मेरे आगमन ने माँ को परेशान किया और वे पास की झाड़ियों में चले गए। उनको ठीक से देखने और परिवार की तसवीर लेने के लिए दृढ़ संकल्प, हमने वहीं जिप्सी में धैर्यपूर्वक प्रतीक्षा की। मुझे पता था कि इसमें बहुत समय नहीं होगा जब, ये अल्प वयस्क बाघ अपनी माँ को छोड़कर अपने क्षेत्र का निर्धारण करने बाहर चले जाएँगे और यह सम्भव है कि आख़िरी बार हो जब मैं उन्हें एक साथ देख रहा हूँ।

हमने लगभग एक घंटे तक धैर्यपूर्वक इंतज़ार किया, तब हमने देखा कि एक अल्प वयस्क बाघ बाहर निकल रहा है। उसने हमारी दिशा में देखा, गुर्राया, और फिर जलाशय की तरफ़ बढ़ गया। इससे उसके सहोदर भी उत्साहित हो गए, जल्द ही अन्य दो अल्प वयस्क बाघ भी बाहर आ गए और जलाशय में चले गए। पीछे-पीछे माँ भी आ गई। अल्प वयस्क बाघ पानी में इधर-उधर घूमते रहे, एक-दूसरे पर कूदते रहे और अपनी माँ से लिपटते रहे। मैंने ढेर सारी तसवीरें लीं। मैंने देखा कि उनमें

पानी में घूमते, एक-दूसरे पर कूदते बाघ (टी-20) के अल्प वयस्क बाघ अपनी माँ के साथ।

से एक अल्प वयस्क बाघ दूसरों की तुलना में अधिक आक्रामक था। वह रह-रह कर हमारी ओर देखता, गुर्राता और फिर परिवार के साथ खेलने के लिए वापस चला जाता। इस अल्प वयस्क नर को बाद में उस्ताद (टी-24) नाम दिया गया।

2009 की शुरुआत में, उस्ताद परियोजना से बाहर निकला और सवाई मानसिंह अभ्यारण्य से सटे चिड़ी खो और जामोदा में चला गया। अभ्यारण्य के कर्मचारियों ने 23 अप्रैल 2009, को मुझे बताया कि उन्होंने उस्ताद के आगे का बायाँ पैर किसी चोट के कारण बुरी तरह सूजा हुआ देखा था। जंगली जानवरों की चोट के मामले में, हम आमतौर पर प्राकृतिक तरीक़े से ही ठीक होने देते हैं और जल्द घाव भरे, इस पर नज़र रखते हैं। आख़िरकार, वे प्राकृतिक परिवेश

थोड़ी-थोड़ी देर में उनमें से कोई एक बाघ गुर्राता था और फिर अपने परिवार के साथ खेलने में लग जाता था। बाद में इस किशोर बाघ का नाम 'उस्ताद' रखा गया।

में रहने वाले जंगली जानवर हैं और जंगल जैसी व्यवस्था होनी ही चाहिए। लेकिन, कभी-कभी यदि एक शिकारी वन्य जीव में कोई चोट या विकलांगता देखी जाती है, तो हमें हस्तक्षेप करना ही होता है क्योंकि यह भोजन के लिए शिकार करने की उनकी क्षमता में बाधा हो सकती है। यह कहा जाता है कि अकसर एक बाघ अपने शिकार को नीचे लाने का प्रयास करता है, इससे पहले कि वह वास्तव में खा सके। इसके लिए, उसे बिलकुल फिट रहना होता है। उस्ताद के चोटिल होने की ख़बर से परेशान होकर, मैं जल्दी से सवाई मानसिंह अभ्यारण्य उस बाघ को देखने गया, जिसे मैंने उसके जन्म से देखा था।

मैंने उसे चिड़ी खो में एक जलाशय के पास देखा। मैंने अपना कैमरा उसके आगे के पैर के

अपने परिवार से अलग होने के बाद सवाई मानसिंह अभ्यारण्य के एक जलाशय में उस्ताद।

पंजे पर केंद्रित कर ज़ूम किया। उसके बाएँ पंजे के तलवे पर एक बड़ा घाव था। हमने रणथम्भौर बाघ परियोजना के उप निदेशक आर.एस. शेखावत को इसकी सूचना दी। कुछ देर चर्चा करने के बाद, हमने फ़ैसला किया कि उसे बेहोश कर घाव को देखेंगे और फिर उसका इलाज करेंगे। स्थानीय वन्य जीव चिकित्सक डॉ. राजीव गर्ग और उनकी टीम हमारे साथ थी, जब मैंने उस्ताद पर बेहोशी का शंकु मारा। वह शंकु उसके पीछे के पुट्ठे पर लगा, बाघ उठा, एक छोटी छलाँग लगाई और सामने की चार फ़ीट ऊँची सूखी पत्थर की दीवार को पार कर गया और झाड़ियों में ग़ायब हो गया। हमने 15 मिनट तक इंतज़ार किया और फिर सावधानी से बाघ की दिशा में चले गए। फॉरेस्ट गार्ड राजवीर

पीटर प्रेम चक्रवर्ती

इलाज करने को उसे बेहोश करने के लिए उस्ताद का पीछा करते लेखक।

और मैंने उसे हमसे 50 से 60 मीटर दूर ज़मीन पर पड़ा पाया। वह विशाल था और इस बेहोशी की हालत में भी राजसी और भयंकर लग रहा था। बस यकीन को और पक्का करने के लिए हमने उस पर कुछ कंकड़ फेंके और उसने तुरंत सिर उठाया। हम जल्दी से पीछे हट गए और उसे पूरी तरह से बेहोश करने के लिए दूसरी छोटी खुराक दी। फिर 15 मिनट तक इंतज़ार किया और वह गहरी नींद सो गया। पहले वाली खुराक लगभग 200 किलोग्राम के शरीर के वज़न के हिसाब से दी गई थी, जो एक स्वस्थ तीन वर्षीय नर बाघ के लिए पर्याप्त है। लेकिन उस्ताद इससे बड़ा था, 224 किलो का, जैसा कि बाद में पता चला जब हमने उसका वज़न किया।

पीटर प्रेम चक्रवर्ती

उस्ताद बेहोश हो गया है, उसकी जाँच करते हुए लेखक एवं राजवीर।
उसके बाद उसको ठंडा रखने के लिए गीले गनी कपड़े से ढकते हुए।

डॉ. गर्ग ने जल्दी से अपना काम शुरू किया। उन्होंने पंजे पर एक चीरा लगाया और मवाद को साफ़ किया। एंटीबायोटिक्स और अन्य दवाओं की सुई लगाई और उसको रेडियो कॉलर पहना दिया गया। इसके बाद उस्ताद को 48 घंटे के लिए एक पिंजरे में देखरेख के लिए रख दिया गया। इस पिंजरे को चिड़ी खो जलाशय के पास रखा गया था। दो दिनों के बाद, बाघ को फिर से बेहोश कर आगे की दवा दी गई। जब फलोदी के रेंज अधिकारी उदयराम ने घायल पंजे पर आइस पैक रगड़ना शुरू किया, तो उस्ताद ने सिर उठाकर चारों ओर देखा। सभी घबरा गए और भागने लगे। बाघ को अगले पंजे पर पट्टियों के साथ स्ट्रेचर पर लेटा छोड़ दिया गया। उस्ताद उठा, कुछ लड़खड़ाते हुए आगे बढ़ा और फिर से बैठ गया। बेहोशी की दवा का असर पूरी तरह से गया नहीं था लेकिन उसके पास जाना या उसे बेहोश करने की दवा फिर से देना बहुत ख़तरनाक था। इसलिए हमने अपनी दूरी बनाए रखी एवं लगातार निगरानी करते रहे, तब और रात में उसे देखा। आधी रात के आसपास, हमने उसे जलाशय में जाते देखा।

हम चिंतित थे कि अगर उसका पट्टी से बँधा पंजा पानी में डूब गया तो इससे संक्रमण फैल जाएगा। लेकिन, हमें यह देखकर विस्मय हुआ कि, उस्ताद जलाशय में चला गया, उसने पहले अपने पिछले पैरों को रखा, फिर पूरे शरीर को पानी में ले गया, केवल पट्टी से बँधा बायाँ पंजा ही पानी से बाहर रखा!

यह सुनिश्चित करने के लिए कि वह पूरी तरह से ठीक हो गया है हमने अपनी सतर्कता बनाए रखी। अगली सुबह, उस्ताद जंगल में चला गया और हमें वह तभी दिखा, जब शाम ढल रही थी। इत्मीनान से वह जंगल के रास्ते पर चल रहा था। उसकी चाल इतनी सामान्य लग रही थी कि हम भ्रमित हो गए। क्या यह उस्ताद ही था या कोई और बाघ? नज़दीक से देखने पर पुष्टि हुई कि वास्तव में यह उस्ताद था। दो दिन बाद, उसने चिड़ी खो के अन्दर नाले में एक वयस्क रोजड़े को मार दिया। उस्ताद फिर से अपने शिकार का पीछा करने और शिकार करने के लिए लौटा था। एक साल बाद, 2010 की शुरुआत में, वह रणथम्भौर टाइगर रिज़र्व के झूमर बावड़ी के परिधीय क्षेत्रों में चला गया।

यह लगभग वही समय था कि जब उस्ताद का असामान्य व्यवहार शुरू हो गया।

3 जुलाई 2010 को, मुझे राजबाग के वनपाल मोहनलाल गर्ग का एक ज़रूरी संदेश मिला। वह झूमर बावड़ी इलाक़े में अपनी टीम के साथ पैदल गश्त पर थे, जब वे हाल ही में काटे गए धोंक के पेड़ और उसके बगल में खून से लथपथ कुल्हाड़ी देखी। मोहनलाल को पता था कि सवाई माधोपुर का एक व्यक्ति (घमंडीलाल), जो ईंधन की लकड़ी लेने गया था, ग़ायब था। मोहनलाल ने आगे जाँच की और

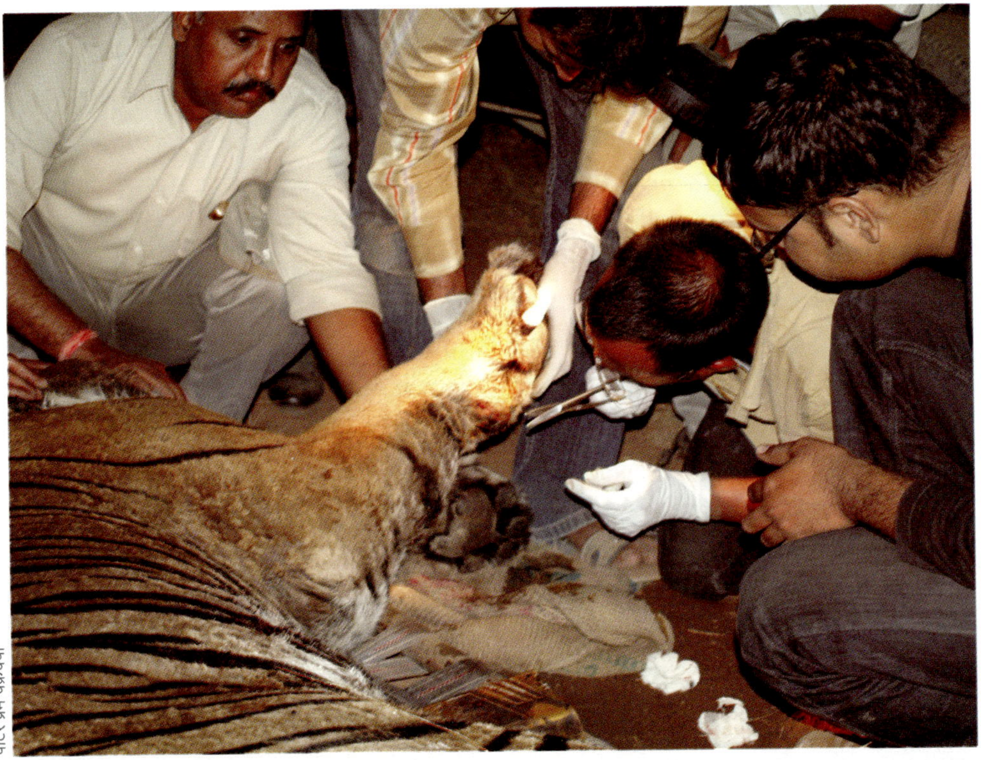

पीटर प्रेम चक्रवर्ती

अपनी टीम के साथ उस्ताद के पंजे का इलाज करते डॉ. राजीव गर्ग साथ में मददगार की भूमिका निभाते लेखक महोदय।

एक जोड़ी पीली, खून से सनी चप्पल मिली। उन्होंने सबसे बुरी आशंका के तहत मुझे एक ज़रूरी वायरलेस संदेश भेजा।

जैसे ही मैं झूमर बावड़ी क्षेत्र में पहुँचा, मैंने अपनी छह लोगों की टीम को दो भागों में बाँट कर उस स्थान को छानना शुरू कर दिया। जल्द ही मैं उस जगह पर आ गया, जहाँ आंशिक रूप से कटा धोंक का पेड़ था, संभवतया यहीं बाघ ने आदमी पर हमला किया था। मैंने आर.एस. शेखावत को वायरलेस संदेश भेजा और तलाशी अभियान जारी रखा। हमें पहाड़ी की चोटी पर एक पत्थर की बाड़ के पास खून से सने कपड़े और

उसी ओर घसीटे जाने के निशान मिले। सूखे पत्थर की बाड़ के दूसरी तरफ़ भी घसीटने के निशान दिखाई दे रहे थे, जो घनी झाड़ियों में जा रहे थे। यह क्षेत्र रणथम्भौर रोड के साथ रिज़र्व की सीमा के क़रीब था। उप निदेशक और एसीएफ यादव भी वहाँ हमारे पास पहुँच गए। हमने जल्दी से एक चर्चा की और फ़ैसला किया कि दुर्भाग्यपूर्ण पीड़ित का शरीर खोजा जाएगा। उस्ताद के रेडियो-कॉलर पहले ही लग चुका था, तो हमने सोचा कि उसके ठिकाने को पता करना अच्छा होगा क्योंकि यह उसका ही इलाक़ा था। जब हमें रेडियो कॉलर से संकेत मिला, तब तक शाम हो रही थी, यह संकेत उसी झाड़ी की तरफ़ था, जहाँ ख़ून के निशान थे। हम अब और इंतज़ार नहीं कर सकते, क्योंकि

जंगली जानवर शायद ही कभी आदमियों पर बिना उकसावे के हमला करते हों, यह असामान्य व्यवहार है।

चूँकि उस्ताद को रेडियो-कॉलर लगा दिया गया था, इसलिए उसके ठिकाने का पता रखना मुश्किल नहीं था।

अँधेरे में शिकारी और पीड़ित को खोजना मुश्किल ही नहीं, साथ में ख़तरनाक भी होगा। इस बीच, पुलिस स्थानीय लोगों की भीड़ को हमसे दूर रखने की कोशिश कर रही थी। भारी मन के साथ, उप निदेशक शेखावत, एसीएफ यादव और मैंने कुछ कर्मचारियों के साथ, झाड़ी के नीचे से धीरे-धीरे चलना शुरू कर दिया। हमारे हाथों में लाठियाँ थीं और आगे बढ़ते हुए हम बहुत शोर कर रहे थे। हम झाड़ियों को पार कर एक खुले क्षेत्र में आ गए। वहाँ, रौंज वृक्ष के नीचे के दृश्य ने हमें झकझोर कर रख दिया, एक आदमी का नंगा खून से लथपथ शरीर पड़ा था। शिकारी वहाँ आसपास कहीं नहीं था, इसलिए हमने शव को लपेटा और उसे वापस पुलिस और गुस्साई भीड़ तक ले जाने में क़ामयाब

रणथम्भौर बाघ परियोजना के पर्यटन क्षेत्र 2 के जलाशय में उस्ताद।

रहे। शव की पहचान हुई। यह घमंडीलाल था और उसे आवश्यक औपचारिक काररवाई के लिए पुलिस को सौंप दिया गया।

राजस्थान के वन्य जीव क्षेत्रों में सक्रिय फ़ील्ड पोस्टिंग में अपना पूरा कामकाजी जीवन बिताने के बावजूद, मैं तब सदमे और दुख से भर जाता हूँ, जब भी इस तरह की कोई दुर्घटना होती है। मैंने जंगली जानवरों को कभी अकारण हमला करते हुए नहीं देखा; यह असामान्य व्यवहार है। मैं दुख में डूब गया क्योंकि कारण चाहे जो भी हो, यह मानव जीवन की दुखद क्षति थी।

इस घटना के बाद, उस्ताद की पूरी निगरानी और नज़र रखनी शुरू कर दी गई। चूँकि उसके रेडियो-कॉलर लगा था, इसलिए हर दिन उसके

आदित्य सिंह

ऊपरः उस्ताद के साथ लड़ती मादा रीछ और उसके बच्चे।
सामने के पृष्ठ परः उस्ताद पांडुदाह और कृष्णदाह में घूमकर अपने इलाक़े की छाप छोड़ते हुए।

ठिकाने का पता रखना मुश्किल नहीं था। वह जुलाई का अंत था और अभी भी बाघों के लिए दिन के समय पहाड़ी इलाक़ों में ऊपर जाने के लिए गरम था, लेकिन मैंने उस्ताद को लगभग हमेशा सबसे ऊपर, झूमर बावड़ी क्षेत्र में, सुबह और देर शाम के दौरान देखा। यहाँ तक कि गरम धूप के दिनों में, वह इस पहाड़ी पर देखा जा सकता था। वह शायद प्रबल नर बाघ टी-12 के संपर्क से बच रहा था, घाटी क्षेत्र जिसका अपना इलाक़ा था।

घमंडीलाल हादसे के सत्रह दिन बाद, टी-12 को सरिस्का बाघ परियोजना भेज दिया गया। यह उस्ताद के लिए अपने क्षेत्र का विस्तार करने का मौका था, लेकिन उसने सिंहद्वार, रायपुर और सुलतानपुर क्षेत्रों में घूमना शुरू कर दिया। धीरे-धीरे, उसने वहाँ और पर्यटन क्षेत्र 1 और 2 में भी घूमना शुरू कर दिया।

टी-7 द्वारा हमला किए जाने के बाद ड्यूटी ज्वाइन करने के पहले दिन, मैं सीधे रणथम्भौर बाघ

परियोजना के जंगल का दौरा करने गया। सिंहद्वार से रायपुर के रास्ते में, मैंने पाया कि उस्ताद त्रिकोणीय जंक्शन पर एक साँभर को मारकर उसके बगल में बैठा था। वह एक पूर्ण विकसित वयस्क दिख रहा था। मुझे बताया गया कि उसने हाल ही में बाघिन टी-39 (नूर) से नया जोड़ा बना लिया था। यह युगल उस क्षेत्र में इतना हावी हो गया कि उन्होंने एक अन्य बाघिन, टी-13, जो टी-39 की माँ है, को उसके दो शावकों के साथ सवाई मानसिंह अभ्यारण्य में धकेल दिया। उस्ताद और नूर ने सुलतानपुर और गुढा क्षेत्रों में पर्यटन क्षेत्र 1 और 2 पर शासन करना शुरू कर दिया। उनके लंबे प्रेमालाप से जल्द ही शावकों को देखने की उम्मीद कर रहे थे।

9 मार्च 2012 को, हमें राजबाग नाका के कर्मचारी द्वारा बताया गया कि एक युवक अशफ़ाक पास के जंगलों में गया था पर वापस नहीं आया है। हमने ढूँढ़ा और पाया कि काँटेदार घनी झाड़ियों से घिरी एक चट्टानी सतह पर क्षत-विक्षत मानव शरीर पड़ा था। हमारे साथ गए स्थानीय लोगों ने पुष्टि की कि यह अशफ़ाक ही था। यह कृत्य जंगल में किसी भी मांसभक्षी का हो सकता था, लेकिन कुछ ही दूरी पर हमें मिट्टी की पगडंडी पर एक वयस्क बाघ के पदचिह्न मिले। उस इलाक़े में उस्ताद ही अकेला प्रभावशाली नर बाघ था।

उसी वर्ष बाद में, 21 मई 2012 को, नूर को एक नर शावक के साथ देखा गया। चूँकि वह इस बाघिन का एकमात्र शावक था, उसे अपनी माँ से पूरी देखभाल मिली, जिससे उसका अच्छा विकास हुआ। उसका नाम सुलतान रखा गया। मैंने सुलतान को कई बार उसकी माँ और पिता के साथ देखा, वह उस्ताद के साथ इधर-उधर खेलता और कूदता था। 2012 के अंत तक, उस्ताद, नूर और सुलतान ने पूरे पर्यटन क्षेत्र 1 और 2 का पूरा और क्षेत्र 6 का कुछ हिस्सा अपने कब्ज़े में ले लिया था। इस तिकड़ी को वन कर्मचारी अकसर एक साथ देखा करते थे।

25 अक्टूबर 2012 को, हमें ख़बर मिली कि हमारे एक सहायक वनपाल घीशू सिंह पर नया कालापानी एनीकट के पास एक बाघ ने हमला किया था, जब वह एनीकट और सोहन कच्छ के पास काम कर रहे मज़दूरों के दो समूह की निगरानी कर रहे थे। एक समूह के पास से दूसरे समूह के पास जाते समय, घीशू पर बाघ ने अचानक हमला किया और उन्हें ले गया। मज़दूरों और स्टाफ़ के सदस्यों ने गुहार की आवाज़ सुनी और आशंका से डर गए थे। वहाँ पहुँचने पर, क्षेत्र के उप निदेशक वाईके साहू और स्टाफ़ के सदस्यों ने जीप रोड से 50 से 60 मीटर की दूरी पर उस्ताद को नाले के सामने पहाड़ी ढलान पर बैठे पाया। पास में ही घीशू सिंह का शव पड़ा था। उस्ताद को डराने के लिए, वाहनों को उसके क़रीब ले जाया गया और हॉर्न को ज़ोर से बजाया गया, लेकिन वह अपनी जगह से हिला नहीं। थोड़ी देर बाद, वह उठा और शव

उस्ताद अपना इलाक़ा बनाने के शुरुआती दिनों से ही मनुष्यों से काफ़ी परिचित हो गया था।

के पास गया। जिप्सी के हॉर्न को लगातार बजाया गया, साथ ही कर्मचारियों ने हल्ला मचाया और बाघ को विचलित करने के लिए लाठियों को ज़मीन पर पटका। अंत में, वह पहाड़ी की तरफ़ जंगल की ओर बढ़ गया। इसके बाद वाहनों को जल्दी से शव के पास ले जाया गया। इस घटना ने वास्तव में रिज़र्व के पूरे सीमावर्ती कर्मचारियों को हिला कर रख दिया; वे अब उस्ताद के क्षेत्र में कहीं भी काम करने से डर रहे थे। मैंने उस्ताद के व्यवहार में भी बदलाव देखा। घटना के तीन दिन बाद, मैं रात्रि गश्त पर था, जब मैंने उसे सिंहद्वार और मिश्र दर्रा गेट के बीच मुख्य सड़क पर देखा। वह रुक गया, हमारे वाहन को

फ़ील्ड स्टाफ़ के सदस्यों की गश्त के दौरान उनके साथ फ़ील्ड निदेशक (दाएँ से दूसरे) और घीशू सिंह (बाएँ से चौथे)

देखा और बहुत देर तक बिना किसी भय के हमारी ओर देखता रहा। मैंने उसके बाद कई अन्य अवसरों पर उस्ताद को देखा और उसकी निडरता पर ध्यान दिया। ऐसा लगता था कि मनुष्यों की उपस्थिति उसे परेशान नहीं करती थी। मुद्दे की बात यह है कि वह अपने शुरुआती दिनों में दायरा बनाने के समय से ही वह मनुष्यों से काफ़ी परिचित हो गया था। पर्यटन क्षेत्र 1 और 2 में, बड़ी संख्या में तीर्थयात्री रणथम्भौर के शेरपुर त्रिकोणीय जंक्शन से गणेश मंदिर और रणथम्भौर क़िले की परिक्रमा मार्ग तक पैदल जाते थे। इसलिए, मानव उपस्थिति से पहले से ही परिचित, उस्ताद का इन तीन घटनाओं के बाद, अब, मनुष्यों से डर पूरी तरह से खतम हो गया था।

आमतौर पर बाघ एकान्त प्रिय जानवर होते हैं, लेकिन तीन (उस्ताद, नूर और सुलतान) के इस परिवार को एक साथ देखकर मुझे विश्वास हो गया

एक जलाशय में उस्ताद।

कि बाघों का भी सामाजिक जीवन होता है। मुझे इस परिवार के कुछ पलों को अपने कैमरे से क़ैद करने का सौभाग्य मिला। जबकि नूर ने सुलतान को सिखाया कि जंगल में शिकार कैसे किया जाता है, उस्ताद को अकसर शरारतों के लिए अपने बेटे को डाँटते देखा जा सकता था। जब सुलतान अल्प-वयस्क था, तो मैंने एक बार साँभर के मांस को साझा करने के बाद उसे अपने पिता के प्रति आक्रामक पाया। पहले तो उस्ताद ने उसे बरदाश्त किया लेकिन जब सुलतान ने उससे आगे प्रभुत्व दिखाने की कोशिश की, तो उस्ताद ने तूफ़ानी गर्जना सुनाई। उस्ताद, पिता होने के नाते, उस पर शारीरिक हमला नहीं किया लेकिन उसकी गर्जना असल में सुलतान को डरा देने के लिए काफ़ी थी। इसके बाद, सुलतान इतना डर गया था कि वह अपने पिता से पूरी तरह से भयभीत था। उसी दिन,

उस्ताद परियोजना भर में अपनी मौजूदगी का अहसास कराता रहा।

उसने अपना जन्म क्षेत्र छोड़ दिया और रणथम्भौर बाघ परियोजना के परिधीय क्षेत्रों की ओर चला गया और कुछ दिनों तक वहाँ रहने के बाद आख़िरकार केलादेवी वन्य जीव अभ्यारण्य चला गया।

उस्ताद के भविष्य का निर्धारण करने वाली आख़िरी घटना 8 मई 2015 को हुई थी। शाम के 6 बजे थे जब मुझे रणथम्भौर के बुकिंग बैरियर से कॉल आई कि उस चौकी पर तैनात फॉरेस्ट गार्ड रामपाल माली पर बाघ ने अटल सागर के पास रणथम्भौर रोड के बगल में हमला किया था। मैं मौके पर गया और देखा रामपाल माली को स्टाफ़ के अन्य सदस्यों द्वारा अस्पताल ले जाया जा रहा था। रणथम्भौर बाघ

जब सुलतान ने अपने पिता उस्ताद के आगे प्रभुत्व दिखाने की कोशिश की, तो उस्ताद ने तूफ़ानी गर्जना से डाँट सुनाई।

ऐसा लगता है कि जब सुलतान ने ज़मीन में अपनी नाक रगड़ दी तभी उस्ताद ने उसको छोड़ा। उस्ताद को अकसर शरारतों के लिए अपने बेटे को डाँटते देखा जा सकता था।

अपने पिता उस्ताद के साथ हुई इस घटना के बाद सुलतान बाहरी इलाक़ों में चला गया।

परियोजना के उप-संरक्षक (डीसीएफ), सुदर्शन शर्मा की सलाह के अनुसार, मैं बैरियर पोस्ट स्टाफ़ के सदस्यों तथा टाइगर वॉच के डॉ. धर्मेंद्र खांडल और आदित्य सिंह के साथ दुर्घटनास्थल पर गया। हमें मुख्य सड़क से जंगल की ओर जाने वाले वन्य जीव रास्ते पर ताज़ा खून के धब्बे मिले और बाघ की गतिविधियों के सबूत की उम्मीद में आस-पास के क्षेत्रों की खोज शुरू कर दी। इस बीच, वहाँ पहुँचे रणथम्भौर के उड़न दस्ते ने हमें वहाँ एक बाघ की मौजूदगी के बारे में बताया। हम लगभग पाँच से सात मिनट में वहाँ पहुँचे और देखा कि एक नर बाघ उसी खून लगे रास्ते से, जो हमने पहले देखा था, आ रहा था। वह ज़मीन पर पड़े खून को सूँघता रहा। अटल सागर के पास मुख्य सड़क पर दीवार के

पीछे से जैसे ही बाघ ग़ायब हो गया, हमने पर्यटकों और गणेश मंदिर के वाहनों को रणथम्भौर सड़क पर वापस मोड़ दिया था। बाइक लाने वालों से कहा गया कि वे मिश्र दर्रा गेट पर वाहन खड़ा करें और मिश्र दर्रा गेट के ऊपर स्थित कमरों के अंदर प्रतीक्षा करें। जल्द ही बाघ फिर से मुख्य सड़क पर आ गया और वहाँ पेशाब के छिड़काव से अपना क्षेत्र अंकन करते हुए वह गेट की ओर बढ़ने लगा।

हम एक सुरक्षित दूरी रखकर बाघ का पीछा कर रहे थे। हमने जैसे ही मिश्र दर्रा पार किया, ड्राइवर ने अचानक ज़ोर का ब्रेक लगा दिया। डॉ. खांडल, जो मेरे बगल में बैठे थे, ज़मीन पर गिर गए। हमने जल्दी से उन्हें वापस जिप्सी में आने में मदद की और वाहन को पीछे करवाया। बाघ ने डॉ. खांडल के गिरने की आवाज़ सुनी और वापस पीछे हटकर हमारी ओर आया। डॉ. खांडल का चश्मा सड़क पर पड़ा था। बाघ उसके पास गया, सूँघा और फिर पर्यटन क्षेत्र 1 की ओर बढ़ गया। हमने बाद में उसके सुलतानपुर पहुँचने तक निगरानी की थी। हालाँकि तब तक शाम हो चुकी थी, लेकिन हमने बाघ को साफ़ देखा; हमने उसकी पहचान करने के लिए तसवीरें भी लीं। बेशक यह उस्ताद ही था।

सामने के पृष्ठ परः उस्ताद ने सम्भवतया क़रीबी मुठभेड़ होने में मनुष्य के आसान शिकार होने के रहस्य का अहसास कर लिया था।

उस्ताद का व्यवहार भले ही आदमखोर जैसा न हो, लेकिन निश्चित रूप से यह सामान्य बाघ जैसा भी नहीं था। आमतौर पर बाघ इनसानों से उलझने से बचते हैं। पैदल गश्त करते समय कई बार, मैं बाघों के सामने आ गया, लेकिन दस में से नौ बार, बाघ वहाँ से चला गया। हालाँकि उस्ताद इनसानों से बिलकुल बेपरवाह था। ऐसा लगता था कि सम्भवतया उसने क़रीबी मुठभेड़ होने में मनुष्य के आसान शिकार होने का अहसास कर लिया था। यह परिस्थिति न सिर्फ़ परियोजना के अग्रिम पंक्ति के कर्मचारियों के लिए, बल्कि पर्यटकों एवं तीर्थयात्रियों के लिए भी भयावह थी। हम और कोई दुर्घटना नहीं होने देना चाहते थे। हम किसी अन्य आपदा को होने नहीं दे सकते थे। इसलिए 16 मई 2015 को उस्ताद को बेहोश करके उसे दूसरी जगह भेजने का कठिन फ़ैसला ले लिया गया।

एक स्वस्थ बाघ, जो जंगल में स्वतंत्र रूप से घूमता हो और जिसका वहाँ एक बड़े क्षेत्र पर शासन हो, उसको अब प्राणी उद्यान के एक पिंजरे में क़ैद देखना वास्तव में बहुत दुखद है। फिर भी कभी-कभी यह ज़रूरी हो जाता है जब और कोई विकल्प नहीं होता। उस्ताद की कहानी, कई उतार-चढ़ाव के साथ, इस बात की गवाही है।

अनाथ शावकों का पालन-पोषण

टी-22 और उसके तीन किशोर शावकों के साथ इलाक़े की लड़ाई में 1 सितंबर 2008 को गुढा की बाघिन टी-15 मारी गई। चूँकि इन दोनों बाघिनों का इलाक़ा मिला-जुला था, इसलिए दोनों में से एक को इलाक़े से जाना ही था।

दुर्भाग्य से, टी-15 के एक नर और एक मादा दो शावक थे, जो क़रीब सात से आठ महीने के होंगे। जंगल में बिना माँ के, ऐसे शावकों का जीवित रहना, लगभग असंभव-सा लगता था। अब यह रणथम्भौर के वनकर्मियों पर था कि वे उनका पालन-पोषण सुनिश्चित करें। जिस दिन से उनकी माँ की मृत्यु हुई थी, उसी दिन से शावकों पर नज़र रखने और उनकी निगरानी के इरादे से मैंने गुढा चौकी पर अपना अस्थायी मुख्यालय बनाया। हमने उन पर चौकस निगाह रखने के लिए तीन समूह बनाए और शुरू में, हमें उनके पदचिह्न उसी जगह तथा आसपास मिलते थे, जहाँ उनकी माँ की मृत्यु हुई थी। दोनों शावक दिन के समय बाहर नहीं आते थे इसलिए आमना-सामना बहुत कम होता था। हमने वहीं बकरी का मांस रखकर उनके लिए भोजन उपलब्ध कराने की कोशिश की। उनके ठिकाने की निगरानी के लिए एक कैमरा ट्रैप लगाया गया था।

हमें अकसर इस बात के प्रमाण मिलते थे कि मांस तो लकड़बग्घा ले गया। कुछ समय बाद, हमने शावकों के शिकार के लिए छोटा जीवित बकरा बाँधना शुरू कर दिया। जब भी बकरा ले जाते थे, तब हम भाई-बहन के पदचिह्न की जाँच करते थे और जब हमें शावकों के द्वारा मारने और बकरे को खींचने का प्रमाण मिलता था तो खुशी में कूदने लगते थे। यह क्रम लगभग एक महीने तक चलता रहा, लेकिन अचानक शावक ग़ायब हो गए।

ऊपरः टी-15 अपने शावकों टी-36 और टी-37 के साथ।
सामने के पृष्ठ परः गुढा के इलाक़े में टी-36 और टी-37 अपनी माँ टी-15 की मृत्यु के बाद।

निस्संदेह, गुढा क्षेत्र में अन्य वयस्क बाघों और ख़ासकर जोगी महल की बाघिन (टी-18) ने क्षेत्र पर ऐसा दबाव बनाया कि इन शावकों को वहाँ से जाना पड़ा। अगले पाँच दिनों तक लगातार गश्त करने का कोई परिणाम नहीं निकला और हम उनका पता लगाने में असफल रहे। मैंने गुढा के कर्मचारियों के साथ इन शावकों और उनकी माँ के पूर्व में विचरण के स्वरूप पर चर्चा की। मुझे बताया गया कि उनकी माँ उन्हें दो बार मानसरोवर ले गई थी और वहाँ से मिर्चीघाटी होते हुए इण्डाला की ओर चली गई थी। इण्डाला चौकी के कर्मियों से कहा गया कि वे शावकों की तलाश करें, लेकिन वहाँ कोई हलचल नहीं थी।

ऊपरः जलाशय में गुढा परिवार।

सामने के पृष्ठ परः टी-15 अपने शावक टी-36 के साथ: जंगल में अपनी माँ के बिना शावकों का जीवित रहना असम्भव-सा लगता है।

छठे दिन, मैं अपने कर्मचारियों के साथ मिर्चीघाटी से होते हुए उसी रास्ते पर चल पड़ा। सबसे ऊपर, एक जलाशय के पास, हमें शावकों के सैकड़ों पदचिह्न मिले। हम बहुत ख़ुश थे और जल्दी से उनके लिए एक ज़िन्दा बकरे की व्यवस्था की। अगले दिन बकरे को वहाँ न पाकर बहुत राहत मिली कि शावक ज़िन्दा और स्वस्थ थे। हालाँकि, शावक फिर से चले गए, इस बार गुढा से सटे लंगड़ी माता मंदिर और छिन्दाली की तरफ़ गए। कभी-कभी वन कर्मचारियों ने उन्हें टी-22 परिवार द्वारा खाकर छोड़े गए शिकार को खाते हुए देखा था।

शावक अपनी माँ टी-15 के साथ।

ऊपरः फ़्लेहमेन प्रतिक्रिया देते हुए बाघिन टी-15 अपने शावकों टी-36 और टी-37 के साथ।

जोगी महल की बाघिन टी-18 ने गुढा के इलाक़े पर कब्ज़ा कर रखा था।
ऊपरः टी-36 और टी-37 गुढा के इलाक़े में घूमते हुए।

एस.आर. यादव

बाघिन टी-18 की वजह से शावकों को फिर इस क्षेत्र से जाना पड़ा।

जल्द ही बाघिन टी-18 की वजह से शावकों को फिर से जाना पड़ा। दोनों शावकों की 5 दिसंबर 2008 को किशनी दाह इलाक़े में चीतल के शिकार के दौरान फोटो खींची गई थी। वे उस आसपास के क्षेत्र में चार दिनों तक रहे, फिर अलग हो गए। 9 दिसंबर को सुबह की गश्त के दौरान, मादा शावक के पदचिह्न मोरडूंगरी से मानसरोवर के रास्ते पर सवाई मानसिंह अभ्यारण्य की ओर जाते हुए देखे गए। हालाँकि, नर शावक नालघाटी और गुढा में घूमता पाया गया था। फिर उसे जोगी महल, लकड़दा, अनतपुरा और झूमर बावड़ी क्षेत्रों में देखा गया, जहाँ वह कुछ दिनों तक रहा। राष्ट्रीय उद्यान के इन क्षेत्रों पर पहले से ही प्रबल नर बाघों का कब्ज़ा था। शायद इसीलिए, अल्प-वयस्क नर ने

अंततः 6 फरवरी 2009 को जंगल छोड़ दिया और सवाई माधोपुर रेलवे कॉलोनी के पास खेतों में चला गया, जहाँ उसने सुअरों और छोटे घरेलू मवेशियों को मारना शुरू कर दिया।

मेरे और रेंज के कर्मचारियों के लिए वह बेहद कठिन समय था। बाघ रिहायशी इलाक़ों के पास चला गया था, जहाँ आए दिन कोई न कोई व्यक्ति उसे देख लेता था, और हो-हल्ला मचाते हुए हमारे लिए एक मुसीबत खड़ी कर देते थे। कभी भी हादसा हो सकता था। हमने बाघ पर नज़र रखने और उसे जंगल में धकेलने की कोशिश में कई रातें खेतों और अमरूद के बागों में जागते हुए गुज़ारीं, लेकिन ऐसा हो न सका। हमने उसे ढूँढ़ने की बहुत कोशिश की ताकि उसे बेहोश कर सकें लेकिन यह असंभव था क्योंकि खेतों में ऊँची फ़सल खड़ी थी, जिससे वह पूरा ढक जाता था। खेतों के चारों तरफ़ अमरूद के बाग भी घने थे, इसलिए वहाँ भी साफ़ नहीं दिख रहा था। इस बीच, स्थानीय लोग तहलका मचाए थे; वे अपने खेतों में जाने से डर रहे थे और उन्होंने वन विभाग के ख़िलाफ़ ही आंदोलन करना शुरू कर दिया था।

वह 3 मार्च 2009 की सुबह थी, जब मुझे रामसिंहपुरा के वनरक्षक का संदेश मिला कि बाघ एक खेत की पाँच से छह फ़ीट ऊँची सरसों की फ़सल में घुसा है। खेत के चारों ओर छह फ़ीट ऊँची एक पक्की चिनाई की दीवार थी और यह रणथम्भौर रोड पर अबरार पैलेस होटल के ठीक पीछे था। जब तक मैं वहाँ पहुँचता, तब तक खेत के अंदर बाघ के छिपे होने की ख़बर जंगल में आग की तरह फैल चुकी थी और स्थानीय लोग तथा पर्यटक इलाक़े में जमा हो गए थे। कुछ तो बाघ की एक झलक पाने के लिए चहारदीवारी पर भी चढ़ गए थे। स्थिति बेहद नाज़ुक थी क्योंकि एक तरफ़ हल्ला कर रहे लोगों की भीड़ थी तो दूसरी तरफ़ परेशानहाल, मुसीबत में फँसा बाघ था। अचानक, बाघ ने दीवार पर खड़े लोगों की तरफ़ हमला करने की कोशिश की। सौभाग्य से, वे दीवार के दूसरी तरफ़ गिर गए, काफ़ी घबरा गए लेकिन चोट नहीं लगी।

भीड़ को नियंत्रित करने और बाघ की गतिविधि की निगरानी के लिए कर्मचारियों और वाहनों को दीवार के बाहर लगा दिया गया। मैं भी बाघ के कुछ और हरकत करने का इंतज़ार कर रहा था। हमारा पूरा दिन बाघ की झलक पाए बिना ही बीत गया और जल्द ही अँधेरा होने वाला था। हमें तेज़ी से कुछ करना था। मैं अब और इंतज़ार नहीं कर सकता था और अपने ड्राइवर से जिप्सी को हुड से कवर कर आगे बढ़ने को कहा। हम वाहन को सरसों के खेत में ले गए, जहाँ बाघ छिपा था।

हमारे वाहन को लंबी फ़सलों के घेर लेने के कारण कठिनाई से आगे बढ़े। दो-तीन मीटर से आगे देखना असंभव था। शाम भी ढल चुकी थी। ऐसे में

ओबेरॉय वन्यविलास होटल की बाहरी बाड़ में बैठा नर बाघ टी-36

हम बाघ का पता कैसे लगा सकते थे? भारी मन से, हम सरसों के खेत से बाहर निकले और देखा कि ज़्यादातर लोग अँधेरा होता देख दूर चले गए थे। हमारे स्टाफ़ ने अब भी क्षेत्र को घेर रखा था और सर्चलाइट्स से निगरानी कर रहे थे। हमें पता था कि बाघ के पहल करने तक हमें धैर्य से इंतज़ार करना ही होगा।

रात लगभग 10 बजे, बाघ दीवार कूद गया एवं अबरार पैलेस होटल को पार किया और ओबेरॉय वन्यविलास की बाहरी बाड़ में ग़ायब हो गया। इससे होटल के अतिथियों और कर्मचारियों में और कौतूहल पैदा हो गया, जो बाघ को देखने के लिए बाहर निकल आए। हमें उम्मीद थी कि बाघ बाड़ के दाईं ओर से निकल कर जंगल में जाएगा, लेकिन

उसने ऐसा कुछ नहीं किया। भीड़ से परेशान और दिन भर की ज़ोर-आज़माइश से, वह अब उत्तेजित और आक्रामक हो गया था। वह बाड़ में ही ऊपर-नीचे करता रहा।

हमने सभी से होटल के अंदर रहने का अनुरोध किया और विपरीत छोर से ढोल पीटना शुरू कर दिया ताकि वह दाईं ओर जंगलों में चला जाए। उसे वहाँ से हटाने के सभी प्रयास विफल हो गए। फिर, भोर में 4 बजे, वह अचानक बाड़ से कूदा और एक झटके में ग़ायब हो गया। दिन निकलने पर, हमने उसके पदचिह्नों को देखा और पाया कि वह रेलवे लाइन पार कर के वापस अमरूद के बागों में चला गया था। यह मेरे द्वारा सँभाले गए कार्यों से ज़्यादा कठिन साबित हो रहा था।

भारतीय वन्य जीव संस्थान (डब्ल्यूआईआई), देहरादून की एक बेहोश करने वाली टीम को हमारी सहायता के लिए बुलाया गया था। हमने चार दिन और तीन रात तक बाघ की तलाश की, लेकिन वह नहीं मिला। हालाँकि, उसके पदचिह्नों ने हमें आश्वस्त किया कि वह अब भी आसपास ही था। वन्य जीव संस्थान की टीम निराश होकर वापस चली गई और हमने अपने प्रयासों को जारी रखा।

2009 में अब मार्च आ गया था और खेतों से फ़सलों की कटाई होनी शुरू हो गई थी, लेकिन अभी भी नर बाघ टी-36 ज़्यादातर रेलवे कॉलोनी से सटे इलाक़े में था। 21 मार्च को, सुबह 6 बजे, मुझे वायरलेस संदेश मिला कि रेलवे कॉलोनी के पास खेतों में एक अल्प-वयस्क बाघ ने महिला पर हमला कर दिया था। इसके बाद बाघ मुड़ा और वापस खेतों में गुम हो गया था। उप निदेशक आर.एस. शेखावत, एसीएफ सुदर्शन शर्मा और मैं– हमने तीन टीमें बनाईं और हमलावर को ढूँढ़ने के लिए अलग-अलग दिशाओं में फैल गए। हमें नए पदचिह्न तो मिले पर एक बिंदु के बाद वे रुक गए, एसीएफ की टीम भी वहाँ पहुँची, जहाँ हमने पदचिह्न ग़ायब होते देखा था। हमने फ़ैसला किया कि क्षेत्र को फिर से छानेंगे और ध्यान से हर झाड़ी और झुरमुट को देखेंगे क्योंकि बाघ एकदम से ग़ायब तो हो नहीं सकता था।

अचानक, एक वनरक्षक, निर्भय सिंह चिल्लाया कि उसने झाड़ी में बाघ को देखा था। इससे पहले कि हम वहाँ पहुँच पाते, बाघ निर्भय की ओर झपटा। चीख सुनकर हम अलग-अलग दिशाओं में भागे लेकिन अपने रास्ते पर रुक गए, जब हमने वह चीख सुनी। वनपाल मोहनलाल बाघ के सबसे क़रीब थे और जैसे ही वह मुड़े, बाघ ने पंजों से उनकी पीठ पर वार कर दिया। जब हमने बाघ को हमला करते देखा, तो उसे डराने के लिए हमने चिल्लाना और पत्थर फेंकना शुरू कर दिया। वह डरावना था, जब हमने मोहनलाल को गिरते हुए देखा। ज़ोर से चिल्लाते हुए, हम बाघ की ओर दौड़े; लोगों के अचानक आने और हमारी ज़ोर की आवाज़ उसे डराने में सफल रही। उसने एक छलाँग लगाई और ग़ायब हो गया।

मोहनलाल की पीठ पर पंजे के निशान के कारण खून बह रहा था। वह सदमे की स्थिति में था और उसका रक्तचाप गिर रहा था। मैंने उसे आश्वस्त करने की कोशिश की कि वह सुरक्षित है और उचित इलाज के बाद ठीक हो जाएगा। उसे तुरन्त स्थानीय अस्पताल में भेजने की व्यवस्था करने के बाद, हमने अपना ध्यान फिर से उस बाघ की ओर किया, जो अब पत्थरों से हमला करने के बाद और अधिक आक्रामक हो गया था। रेलवे कॉलोनी की दीवार एक जगह टूटी हुई थी, जहाँ हमें पदचिह्न मिले थे। कॉलोनी परिसर मोटी प्रोसोपिस जूलीफ्लोरा (विलायती बबूल) की झाड़ियों से भरा था, इसलिए यहाँ उसकी तलाश करना आसान नहीं था। हम अपनी जिप्सी में आस-पास गए, कुछ झाड़ियों को समेटा, बाकियों में देखते गए। हम धीमी गति से आगे बढ़ रहे थे जब हमने बाघ की गुर्राहट सुनी, तभी मुझे एक झाड़ी के पीछे, एक नाले के पास उसके कान दिखाई पड़े। उसका बाक़ी का हिस्सा झाड़ी से ढका हुआ था। हमने वाहन का इंजन बंद कर दिया और उसके सामने आने का इंतज़ार करने लगे ताकि मैं अपनी बेहोश करने वाली बंदूक के

सामने के पृष्ठ पर: टी-36 को बेहोश करने के बाद ट्रक पर रखते हुए।

नीचे: रेलवे कॉलोनी में टी -36 को बेहोश करने के दौरान बड़ी संख्या में लोग इकट्ठा हो गए थे।

डॉ. धर्मेंद्र खांडल

साथ उस पर निशाना लगा सकूँ। लेकिन यह बाघ, ऐसा लगता था, हमारे लिए चीज़ों को कठिन बनाने की आदत बना चुका था। हम इंतज़ार करते रहे। दोपहर के लगभग एक बजे थे और बाघ हिला तक नहीं। काफ़ी भीड़ एकत्र हो गई थी और लोग छतों, दीवारों और पानी की बड़ी टंकी पर बैठ गए थे। पुलिस पूरी कोशिश कर रही थी कि उन्हें नियंत्रण में रखा जाए। शुक्र है कि दोपहर की बढ़ती गरमी ने भीड़ को धीरे-धीरे दूर कर दिया।

कुछ लोग जो अब भी टंकी के ऊपर बैठे थे, चिल्लाने लगे कि बाघ रेलवे कॉलोनी के घरों की ओर बढ़ रहा है। जिप्सी में उसका पीछा करना संभव नहीं था। इसलिए मैं टीम के दो सदस्यों के साथ, एक तरफ़ की सड़क से कॉलोनी में गया और एक घर की छत पर चढ़ गया।

अब वह मुझे साफ़ दिखाई दे रहा था। बाघ एक झाड़ी के पीछे बैठा था, पास में एक गाय चर रही थी। मैंने लक्ष्य लिया और शंकु को उसके पुट्ठे पर मार

टी-36 को रेडियो-कॉलर लगाते हुए।

दिया। यह उसे लग गया था और वह दहाड़ते हुए वापस उसी जगह भाग गया, जहाँ वह पहले छिपा था। दोपहर के 1:25 बज रहे थे। हमने 15 मिनट तक इंतज़ार किया और फिर उसकी ओर बढ़ गए। जब मैंने उसे एक झाड़ी के नीचे पड़ा देखा तो मैंने बाघ पर छोटे कंकड़ फेंके; वह हिला तक नहीं। दवा काम कर चुकी थी और वह पूरी तरह से गतिहीन था। हम जल्दी से वन्य जीव चिकित्सक डॉ. राजीव गर्ग के साथ चले गए, बाघ को एक स्ट्रेचर पर उठाया और उसे एक पिंजरे में रख दिया। पिंजरे को अपने कार्यालय में ले जाने से पहले, बाघ के तापमान को नियंत्रण में रखने के लिए हमने उसे गीले कपड़े से ढक दिया। हमने अपने कार्यालय परिसर में उसे रेडियो-कॉलर लगाया और होश में लाने के लिए उसे एंटीडोट इंजेक्शन दिया।

एक घंटे के बाद, हम उसे रिहा करने के लिए सवाई मानसिंह अभ्यारण्य की ओर चल पड़े। इस बीच, हम पिंजरे को ढकने वाले कपड़े पर पानी

क्वालजी क्षेत्र में नर टी-36 की बहन टी-37

सवाई मानसिंह अभ्यारण्य में टी-36 को छोड़ते हुए।

क्वालजी क्षेत्र के अपने नए परिवेश में टी-36

छिड़कते रहे। जब तक हम आंतरी के वन क्षेत्र में पहुँचते, तब तक शाम के 4.30 बज चुके थे और बाघ अब पूरी तरह से होश में था, अन्दर ही दहाड़ रहा था। मैंने खुद को एक सुविधाजनक स्थान पर तैनात किया, जहाँ से मुझे स्पष्ट दिख सके और अपने कर्मचारियों को धीरे-धीरे पिंजरे का द्वार खोलने के लिए संकेत दिया। बाघ ने अपना सिर बाहर निकाला, चारों ओर देखा, एक ऊँची गर्जना दी, कूदा और जंगल में भाग गया। मैंने राहत की साँस ली; मेरा भटका हुआ बाघ अंततः अपने घर चला गया था।

बाद में, बाघ रणथम्भौर क्रिटिकल टाइगर हैबिटेट के दक्षिणी भाग की ओर बढ़ गया और क्वालजी को अपना क्षेत्र बना लिया। उसकी बहन भी वहाँ उससे मिल गई। दोनों बाघों को पहचान संख्या दी गई थी, नर टी-36 था और उसकी बहन टी-37 थी।

रहस्यमय तेंदुआ

वह 14 अक्टूबर 2009 का दिन था। सवाई माधोपुर में मैं हमेशा की तरह सुबह 5.30 बजे घर से निकला और काला-पीला-पानी और रायपुर के पास जंगलों में गश्त और निरीक्षण के लिए चला गया। जंगल में चारों ओर शांति थी; हलकी ठंड की शुरुआत में जंगली जीव सूरज का आनंद ले रहे थे और जलाशयों के पास खुले क्षेत्र में आ रहे थे।

मन में अपार सुकून की भावना लिए मैं इस परिवेश से दूर चला गया, जो मुझे बेहद प्रिय था। मैं सुबह लगभग 10.30 बजे मिश्र दर्रा के गेट से बाहर निकला और कुछ कामकाज निपटाने के लिए बैरियर वन चौकी चला गया। लेकिन उसके बाद वहाँ जो कुछ हुआ, वह मेरी सोच से बिलकुल परे था। वास्तव में, यह इतना विचित्र था कि आज भी मेरे ज़हन मे इस क़दर समाया हुआ है, जैसे हाल ही की घटना हो।

चौकी पहुँचकर मैंने फाइलों और रजिस्टरों की जाँच का कामकाज शुरू किया, तभी एक घबराया हुआ कर्मचारी मेरे कमरे में दाख़िल हुआ और हड़बड़ाते हुए उसने बताया कि एक तेंदुए ने दो बाइक सवारों पर हमला कर दिया है। वे सुबह 8 बजे मिश्र दर्रा गेट के पास पक्की सड़क पर गणेश मंदिर जा रहे थे। बाइक सवारों को इलाज के लिए सवाई माधोपुर अस्पताल ले जाया गया। यह अजीब था। मैं उसी रास्ते से चला था, लेकिन सब कुछ सामान्य लग रहा था, तीर्थयात्री अपने वाहनों में मंदिर की ओर जा रहे थे।

अपनी तसल्ली के लिए मैं अपने स्टाफ़ के कुछ कर्मचारियों के साथ तुरंत लौटकर मिश्र दर्रा गेट गया और आसपास का बारीकी से निरीक्षण किया। हमें कोई तेंदुआ नहीं दिखा और न ही उसके आने के कोई निशान मिले। अपने स्टाफ़ को वहीं तैनात रहने और गश्त जारी रखने का निर्देश देते हुए, मैं अस्पताल गया। बाइक सवारों से यह पता करने कि

मिश्र दर्रा गेट के इलाक़े में घूमता हुआ एक तेंदुआ।

आख़िर सुबह क्या हुआ था! सौभाग्य से उन्हें ज़्यादा चोटें नहीं आई थीं। वे पूरी घटना को विस्तार से बताने की स्थिति में थे। उन्होंने बताया कि– वे दोनों बाइक से 30 कि.मी. प्रति घंटा की रफ्तार से गणेश मंदिर जा रहे थे। जैसे ही मिश्र दर्रा गेट पार किया, तभी अचानक जंगल से एक तेंदुआ निकला, वह सड़क के दाईं ओर था और उन पर हमला कर दिया। इससे पूरी तरह अनजान हम दोनों सड़क पर गिर गए। पल भर में ही हमलावर तेंदुआ हमारे ऊपर था।

बचाव की कोशिश में हमारी चीख-चिल्लाहट भी तेंदुए को रोक नहीं पाई। इतने में तीर्थयात्रियों की भीड़ वहाँ जुट गई और उन्होंने तेंदुए पर पथराव करना शुरू कर दिया। शायद इससे विचलित होकर वह हमें छोड़ कर चला गया। परंतु इसमें यह बात

इस घटना के पहले मिश्र दर्रा गेट के पास एक तेंदुआ घूमता हुआ देखा गया था।

बिलकुल अजीब लगी थी कि भीड़ के शोर-शराबे और पत्थरबाजी से तेंदुआ डरा नहीं, क्योंकि उसने छलाँग नहीं लगाई थी। उसने भीड़ और अपने शिकार को एक नज़र से देखा, फिर मुड़ा और तसल्ली से घने जंगलों की ओर चला गया, जहाँ से वह आया था। ऐसा लगता था, जैसे वह निश्चित रूप से किसी 'दुरात्मा की गिरफ्त' में था।

अस्पताल से वापस अपने कार्यालय जाते वक्त मैंने उन युवाओं की बात पर विचार किया। तेंदुए का ऐसा व्यवहार मैंने अपनी इतने वर्षों की नौकरी में कभी नहीं देखा, जिसने मनुष्यों पर अचानक हमला न कर, बल्कि उनका पीछा किया और दिन के उजाले में बीच सड़क पर हमला किया।

यह भी विचारणीय है कि तेंदुए अकसर बस्ती से बाहर रहते हैं। बाघ की तुलना में मनुष्यों की उपस्थिति से अधिक सहज होते हैं, लेकिन वे मनुष्यों से सीधे संपर्क में नहीं आते। वे अधिक शर्मीले, शांतप्रिय, एकांतवासी और आसानी से पकड़ में न आने वाले होते हैं। तेंदुए कभी-कभी जंगल के किनारे के गाँवों में कुत्तों और अन्य छोटे जानवरों का शिकार करते हैं, लेकिन रात के अँधेरे में। वे इतनी चतुराई और सावधानी से आगे बढ़ते हैं कि कोई आवाज़ नहीं करते और अपना शिकार लेकर जंगल की ओर चले जाते हैं। लोगों को अगली सुबह अपने वन्य जीवों के ग़ायब होने का पता चलता है, जब गाँववासी तेंदुए के पदचिह्नों की पहचान करते हैं।

यह घटना बिलकुल अविश्वसनीय लग रही थी कि तेंदुए जैसे शातिर शिकारी ने दिन के उजाले में मनुष्यों पर हमला किया। कहीं बाइक सवार झूठ तो नहीं बोल रहे, मैंने अनुमान लगाया कि कहीं वे कोई बड़ा जानवर देखने के लिए जंगल की सड़क की ओर बढ़े हों और तेंदुए को देखकर उसके क़रीब गए हों। फिर तेंदुए ने अपनी आत्मरक्षा में उन पर हमला किया हो। लेकिन सच वही था, जो घट चुका था। लेकिन तभी एक और सूचना मिली कि मिश्र दर्रा गेट पर एक और बाइक सवार पर तेंदुए ने हमला कर दिया। इस ख़बर ने मुझे हरकत में ला दिया। मैंने गणेश मंदिर में पैदल यात्रियों के प्रवेश को बंद करने और इस क्षेत्र में आनेवाले यातायात को रोकने के लिए वन चौकी को संदेश दे दिया।

एक बार फिर मैं हमले की जगह चल दिया। अभी रास्ते में ही था कि एक और संदेश मिला। इस बार ट्रैफिक रोकने वाले स्टाफ़ के दो सदस्यों पर हमला हुआ। उनमें से एक बुरी तरह घायल था। यह घटना चौंकाने वाली थी। एक ही दिन में कुछ ही घंटे के दौरान तेंदुए का तीसरी बार हमला। हर बार पत्थर फेंके जाने पर उसका चला जाना भी आश्चर्यजनक था। मैं बैरियर चौकी पहुँचा, वनपाल हुकुम चंद और स्टाफ़ के एक अन्य सदस्य को मेरे साथ चलने के लिए कहा। मिश्र दर्रा गेट पर जाने से पहले हमने लाठियाँ ले ली थीं।

हम तीनों जंगल में तेंदुए को अपनी पैनी निगाह से ढूँढ़ने लगे, जिसने मिश्र दर्रा गेट तक तीन बार जाने का साहस कर दिखाया था। तभी हुकुम चंद ज़ोर से चिल्लाया कि उसने विडालवंशी को देख लिया है। गेट के पास बने मंच पर हनुमान की मूर्ति के पास तेंदुआ बैठा था। वह हमारी खोजपूर्ण गतिविधियों को देख रहा था। उसकी तसवीरें लेने के लिए मैंने कैमरा निकाला और साथियों को सतर्क रहने और लाठियाँ तैयार करने का निर्देश दिया। हम उससे क़रीब 10 से 15 मीटर की दूरी पर थे। जैसे ही मैंने कुछ तसवीरें खींचनी शुरू कीं, तेंदुए को अपनी ओर बढ़ते देखा। हमने अपनी लाठियों को इधर-उधर पटका,

तेंदुए अकसर बस्ती से बाहर रहते हैं। बाघ की तुलना में मनुष्यों की उपस्थिति से अधिक सहज होते हैं।

बाघ की तुलना में तेंदुए अधिक शर्मीले, शांतप्रिय, एकांतवासी और आसानी से पकड़ में न आने वाले होते हैं। वे रात के अँधेरे में शिकार करते हैं।

शोर मचाया और पास खड़ी जिप्सी पर मारा। फिर वह शातिर तेंदुआ खुद को बचाता हुआ दूसरी ओर चला गया। वह उस तरफ़ नहीं गया, जहाँ से वह आया था, उसका इरादा हमें घायल करने का था। मैंने अपने 30 साल के सेवाकाल में ऐसा कभी नहीं देखा।

मैंने तुरंत ही सवाई माधोपुर में मुख्यालय फोन किया और उनसे बेहोश करने वाली किट भेजने को कहा। इस बीच, हम तेंदुए की हरकतों का पता लगाने के लिए मिश्र दर्रा गेट के बाहर आ गए। हमने इंतज़ार किया और आधे घंटे के भीतर तेंदुआ मुख्य सड़क पर बाहर आया और

पहाड़ की तरफ़ जंगलों में जाता हुआ तेंदुआ।

चुनौतीपूर्ण मुद्रा में गेट की ओर टहल गया। जल्दी ही उपनिदेशक आर.एस. शेखावत और एसीएफ सुदर्शन शर्मा सामान लेकर पहुँच गए। तेंदुआ अब तक गेट के बाईं ओर 12 फ़ीट गहरे जलाशय के ऊपर शिवलिंग के पास चला गया था। वह लिंग के बगल में खड़ा हमारे ऊपर गुर्राह रहा था। हमें तुरंत फ़ैसला करना था कि उसे बेहोशी का शंकु मारा जाए या उसके दूर जाने का इंतज़ार किया जाए, क्योंकि उसके जलाशय में गिरने का भय था। हमने इंतज़ार किया पर वह टस से मस न हुआ। हम कई घंटों से यातायात रोके हुए थे। इसलिए हमने उसे बेहोश करने का फ़ैसला लिया।

बेहोशी का शंकु मारने के बाद शिवलिंग के पास बैठा तेंदुआ।

मैंने निशाना लगाया और उसकी कमर पर शंकु की गोली मार दी। निशाना लगते ही तेंदुआ भड़क उठा और शिवलिंग को ज़ोर से काटने लगा। उसके मुँह से खून आने लगा। हम दवा के असर का इंतज़ार कर रहे थे कि थोड़ी ही देर बाद तेंदुआ बेहोश हो गया। हमने जल्दी ही उसे एक स्ट्रेचर पर लेकर गाड़ी में रखा और फिर उसे बैरियर चौकी ले गए। चौकी पर वन्य जीव चिकित्सक डा. राजीव गर्ग हमारे आने का इंतज़ार कर रहे थे। पता चला कि तेंदुए की पीठ पर गहरा घाव था। घाव पर एंटीबायोटिक्स का छिड़काव किया गया और कुछ इंजेक्शन लगाए गए। उसकी जाँच करने और दवा देने के बाद तेंदुए को पिंजरे में रख दिया गया। कुछ देर बाद उसे होश में लाने की दवा दी गई। होश में

दौलत सिंह शक्तावत

बेहोशी के शंकु का असर हुआ और तेंदुआ अचेत हो गया।

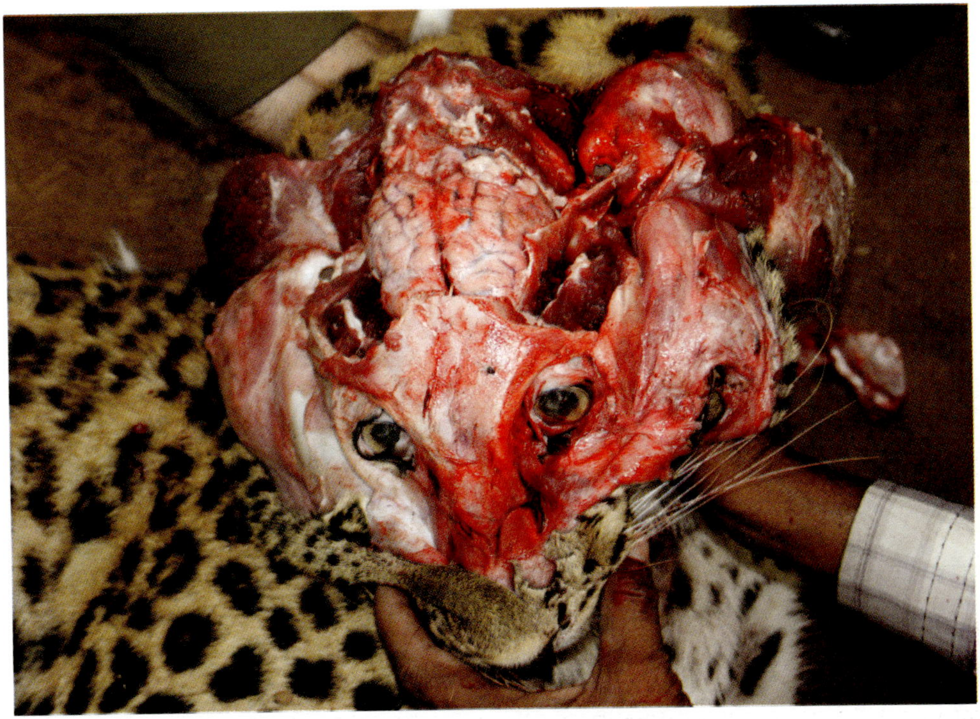

तेंदुए के असामान्य व्यवहार की वजह जानने के लिए उसके मस्तिष्क का नमूना लिया गया।

आते ही वह फिर उथल-पुथल करने लगा, जैसे उसे भूख लगी हो। उसके लिए पिंजरे के अंदर जीवित बकरे का इंतज़ाम कर दिया गया। ज़्यादातर ऐसी स्थिति में बकरा तुरंत खा लिया जाता है, लेकिन तेंदुआ पिंजरे में एक तरफ़ बैठा रहा। यह उसका फिर से अजीब व्यवहार था। कुछ पल बीतने के बाद तेंदुआ आगे बढ़ा और बकरे का एक पैर मुँह में पकड़ा। हम सब वहाँ से इसलिए चले गए, ताकि वह शांति से अपना शिकार कर पेट भर सके।

हम भी चाय पीने बैठ गए। जल्द ही हमने महसूस किया कि पिंजरे से कोई आवाज़ नहीं आ रही थी। जाकर देखा तो तेंदुआ एक कोने में बैठा था और बकरा दूसरी ओर जीवित पड़ा था। हमने पिंजरे को कंबल से ढक दिया ताकि उन्हें एकांत

बाएँ व दाएँ : तेंदुए का अंतिम संस्कार करते हुए।

मिल सके। कर्मचारियों को सतर्कता बरतने के निर्देश देकर मैं मुख्यालय वापस चला गया। रात को 11 बजे मैं तेंदुए की जाँच करने वहाँ गया। मुझे यही बताया गया कि तेंदुआ पिंजरे में चुपचाप एक कोने में लेटा हुआ था। मैंने छड़ी अंदर घुमाई पर कोई हरकत नहीं हुई। मैंने गौर से देखा तो उसकी छाती पर कोई कंपन नहीं दिखा। तेंदुआ मर चुका था।

अगली सुबह मेडिकल बोर्ड द्वारा पोस्टमार्टम किया गया। मैंने तेंदुए के मस्तिष्क का नमूना बरेली में भारतीय वन्य जीव चिकित्सा अनुसंधान संस्थान (IVRI) भेजने का अनुरोध किया। तेंदुए के असामान्य व्यवहार को देखते हुए मुझे शक था कि कहीं वह पागल तो नहीं हो गया था। इससे पहले सरिस्का में कई बार लकड़बग्घे के ऐसे ही व्यवहार की जाँच में पाया गया कि वह रैबीज़ से संक्रमित था। संभव है कि गाँव के रैबीज़ग्रस्त कुत्तों का शिकार करने से तेंदुआ इस बीमारी का शिकार हो गया हो।

जब हमें चिकित्सा संस्थान (IVRI) की रिपोर्ट मिली तो मेरा शक सही साबित हुआ। मिश्र दर्रा का तेंदुआ किसी 'दुरात्मा की गिरफ्त' में नहीं, बल्कि रैबीज़ से ग्रस्त था।

रणथम्भौर के विस्मृत नायक

वे ही रणथम्भौर के सच्चे नायक हैं, जो वन एवं वन्य जीवों की सुरक्षा के लिए बहादुरी से लड़े और अपने जीवन को बलिदान कर दिया। जब-जब रणथम्भौर का नाम आएगा, उनकी स्मृति हमेशा बनी रहेगी, मैं उनके वीर प्रयासों को सलाम करता हूँ, उन के बिना जंगलों में बहुत से जीवन नष्ट हो गए होते।

मैंने अपने सेवाकाल का आधा हिस्सा वन विभाग के अंतर्गत रणथम्भौर बाघ परियोजना में बिताया है। इसके बावजूद आज जब मैं बैठकर इस परियोजना को देखता हूँ, तो मैं इसके विकास को देखकर हैरान हो जाता हूँ। इस उपलब्धि का ज़्यादातर श्रेय काफ़ी हद तक, विभाग के कर्मचारियों के सतत प्रयासों को जाता है।

वन्य जीव रक्षक और वनरक्षक से लेकर क्षेत्र निदेशकों और मुख्य वन्य जीव प्रतिपालकों तक सभी ने पिछले चार दशकों में इस परियोजना को अपना सर्वोत्तम देने का प्रयास किया है। सवाई माधोपुर का ज़िला प्रशासन, पुलिस, यहाँ के स्थानीय समुदाय के लोग और यहाँ काम करने वाले विभिन्न गैर सरकारी संगठन, दुनियाभर के वन्य जीव प्रेमी और यहाँ पर्यटन से जुड़े लोगों ने इसे देश की सबसे अच्छी बाघ परियोजना में से एक बनाने में मदद की है। यह बाघ परियोजना आज जो कुछ भी है उसे बनाने में ऐसे भी लोग हैं, जिन्होंने अपनी जान की बाज़ी लगा दी या वे अपंगता झेल रहे हैं। मुझे बेहद अफ़सोस होता है जब मैं देखता हूँ कि न तो स्थानीय समुदाय और न ही मौजूदा वन विभाग के सभी कर्मचारी रणथम्भौर के विस्मृत नायकों के बारे में जानते हैं।

1973 में, जब देश की पहली नौ बाघ परियोजनाओं में से एक रणथम्भौर के लिए जंगल का चयन हुआ, इससे पार्क के आसपास के स्थानीय

परियोजना में टी-18 : बाघों की बढ़ती संख्या से रणथम्भौर में पर्यटन उद्योग का निरंतर विकास हुआ।

लोगों द्वारा वन सम्पदा के दोहन पर कुछ रोक लगाते हुए नियम लागू कर दिए गए थे। इसके बाद 1980 में बाघ परियोजना का एक हिस्सा रणथम्भौर राष्ट्रीय उद्यान के रूप में अधिसूचित कर दिया गया और विभिन्न मानवजनित गतिविधियों जैसे कि वन्य जीवों के चराने, पेड़ और डाली काटने, खनन और ऐसे कामों पर पूर्ण प्रतिबंध लगा दिया गया था। हालाँकि, इस तरह के कड़े प्रतिबंधों ने पार्क प्रबंधन और स्थानीय समुदायों के बीच बार-बार संघर्ष की घटनाओं को बढ़ा दिया। इनमें से कई घटनाओं ने खूनख़राबे के घातक मामलों का रूप ले लिया, जब कुछ वन कर्मचारियों को जान से हाथ धोना पड़ा, जबकि अन्य शारीरिक रूप से अक्षम हो गए।

रणथम्भौर में हिंसक संघर्ष लंबे समय तक बने रहे। केंद्र और राज्य दोनों सरकारों ने पार्क प्रबंधन और स्थानीय समुदायों के बीच मनमुटाव को कम करने के लिए विकास की कई परियोजनाएँ चलाईं, जिससे इन संघर्षों को कम करने का प्रयास किया

बाघ परियोजना के अन्दर 36 खम्भों वाली आलीशान छतरी।

रणथम्भौर में अरावली की पहाड़ियों पर सूर्यास्त का भव्य दृश्य।

जा सके। वनवासी समुदायों के लिए गाँव पुनर्वास की केंद्र प्रायोजित योजनाओं ने उन्हें नए परिवेश में पुनर्वास करने में मदद की। स्थानीय समुदायों और पार्क प्रबंधन के बीच संबंधों में काफ़ी सुधार हुआ। बेहतर प्रबंधन के परिणामस्वरूप रणथम्भौर में बाघों की संख्या बढ़ गई, जिसने स्थानीय पर्यटन उद्योग के विकास में मदद की। काफ़ी रोज़गार पैदा हुए। जबकि बाघों की बढ़ती संख्या ने पर्यटन उद्योग के निरंतर विकास के साथ रणथम्भौर की स्थानीय अर्थव्यवस्था को भी बढ़ाया, मानव-वन्य जीवों के संघर्ष की घटनाओं में भी इसी कारण से वृद्धि हुई।

– ऐसे कई मामले हैं, जिन्होंने रणथम्भौर के इतिहास को खासा प्रभावित किया है। 1981 में रणथम्भौर राष्ट्रीय उद्यान के फ़ील्ड निदेशक फतेह

पार्क से ग़ायब होने के पहले सुंदरी टी-17 का आख़िरी चित्र।

सिंह राठौड़ पर उलियाणा गाँव के 40-50 लोगों की भीड़ ने हमला कर दिया था, जिन पर आरोप था कि वे लकड़दा क्षेत्र में मवेशियों को अवैध रूप से चरा रहे थे। राठौड़ अपनी गश्त की ड्यूटी पर थे और उन्हें गंभीर चोटें आई थीं। उनके वाहन चालक सईद मोहम्मद ने उन्हें बचाने का भरसक प्रयास किया, जिसके चलते, उसको भी गंभीर चोटें आईं। एक साल बाद, इन दोनों बहादुर व्यक्तियों को नई दिल्ली में 'फ्रेड एम पैकर्ड इंटरनेशनल पार्क्स' मेरिट पुरस्कार दिया गया।

– एक अगस्त 1985 को शेरपुर और खिलचीपुर गाँव के लोगों की भीड़ ने मिश्र दर्रा के पास वन विभाग की टीम पर हमला कर दिया, जो उस समय मवेशियों को चराने की अवैध हरकत

राजेश गुप्ता

रोकने के लिए गश्त पर थे। भीड़ ने असलहे लेकर टीम पर हमला किया और वनपाल हरि सिंह को गंभीर चोटें आईं। उन्होंने सवाई माधोपुर अस्पताल में दम तोड़ दिया। मैं उस समय एसीएफ वाई.के. साहू के साथ रेंज अधिकारी था। हम दोनों और अन्य कई वनकर्मी– मनोहर सिंह, महेंद्र सिंह, केदार प्रसाद, भंवर सिंह और विक्रम सिंह उस हादसे में बुरी तरह घायल हो गए थे। हम सभी को मुख्य वन्य जीव प्रतिपालक के द्वारा प्रशंसा का विशेष प्रमाण-पत्र और नकद इनाम दिया गया।

– भादया गेमवाचर बाघों की खोजख़बर रखने वाला एक ईमानदार, बहादुर और मेहनती वनकर्मी था। मॉनसून के दौरान जानवरों की ख़बर रखना अनिश्चित और मुश्किल हो जाता है, लेकिन भादया को आप हमेशा अपनी लंबे हत्थे की कुल्हाड़ी और ट्रैकिंग किट के साथ लगन से अपना काम करते देख सकते थे। मैंने भादया को अकसर फतेह सिंह राठौड़ के साथ जाते देखा, जब वह गश्त पर निकलते थे। मुझे लगा कि बाघों की खोजख़बर रखने वाले इस सीधे-साधे इनसान में कुछ तो ख़ास होगा, जो राठौड़ हर समय उसे अपने साथ रखते हैं। जब भी मुझे मौका मिला, मैं उसे अपने खोजी अभियान में साथ आने के लिए कहता। ऐसे निडर,

अपनी दुर्भाग्यपूर्ण मृत्यु से एक माह पूर्व घीशू सिंह (सबसे बाएँ) लेखक (बाएँ से चौथे) के साथ जंगल गश्त करते हुए।

सरल और समर्पित इंसान का मैं भी कायल था, जिसने मुझे भी अपने ज्ञान के भंडार से बाघ एवं तेंदुए की खोजख़बर संबंधी उपयोगी टिप्स दिए। दुर्भाग्य से दिसंबर 1991 में रहस्यमय परिस्थितियों में उसकी मृत्यु हो गई।

– अप्रैल 1993 में, जब वन विभाग की टीम ने कुछ शिकारियों को पकड़ा और उन्हें सरकारी वाहन में सवाई माधोपुर मुख्यालय लाया जा रहा था, तो रास्ते में घात लगाए बैठे उनके साथियों ने हमला कर दिया। वे लोग बन्दूकों और अन्य असलहों से लैस थे और उन्होंने बिना किसी चेतावनी के टीम पर गोलीबारी कर दी। वनपाल रामगोपाल पुरी और वनरक्षक कल्याण सिंह की मौके पर ही मौत हो गई, जबकि वाहन चालक देवी सिंह और होमगार्ड राज सिंह गुर्जर गंभीर रूप से घायल हो गए।

– रणथम्भौर बाघ परियोजना के बोदल क्षेत्र में नवंबर 1994 में वन विभाग की टीम अवैध रूप से मवेशियों की चराई को रोकने के लिए गश्त कर रही थी, जब उन्होंने बोदल वन चौकी के मवेशीखाने में वन्य जीवों के एक बड़े झुंड को देखा। इसकी जानकारी मिलने पर आसपास के गाँवों के लोगों ने बड़ी संख्या में आकर वन चौकी पर हमला कर दिया। वनपाल परमिंदर सिंह और वनरक्षक बदन सिंह गंभीर रूप से घायल हो गए।

– मार्च 1998 में, सवाई माधोपुर रोड पर रणथम्भौर के बोदल क्षेत्रों में, बोदल चौकी के कर्मचारी अवैध शिकार और अन्य गड़बड़ियों को रोकने के लिए नियमित गश्त और जाँच कर रहे थे। वनरक्षक सुखवीर सिंह ने एक संदिग्ध ट्रक को तेज गति से आते देखा, तो उसे रोकने की कोशिश की, जब उसने गाड़ी धीमी की तो ड्राइवर को खिड़की से पकड़ लिया। लेकिन ट्रक तेज भगाने के कारण सड़क पर गिरने से पहले वह कुछ दूर तक सुखवीर को घसीटते हुए ले गया। घायल सुखवीर सिंह ने दम तोड़ दिया।

– 2002 में, पुलिस और वन विभाग के संयुक्त गश्ती दल ने अवैध रूप से मवेशी चरान को रोका। इसके अपराधियों के साथ सवाई माधोपुर में वापस जाते समय, उलियाणा गाँव में उग्र भीड़ ने उन पर हमला कर दिया। उस घातक हमले में, अन्य लोगों के साथ पुलिस उपाधीक्षक प्रेम सिंह चन्द्रावत गंभीर रूप से घायल हो गए। दो साल बाद, अगस्त 2004 में, बाघ परियोजना के लकड़दा क्षेत्र के पास लाम्बी वन क्षेत्र में वनकर्मियों की टीम अवैध रूप से मवेशी चराने को रोकने के लिए काम कर रही थी, जब अचानक ग्रामीणों के झुंड ने हमला कर दिया, जो ज़ब्त किए गए अपराधियों और मवेशियों को छुड़ाकर ले जाना चाहते थे। उस घातक हमले में, वनरक्षक फूल चंद इतने गंभीर रूप से घायल हो गए थे, जो बाद में लकवाग्रस्त रहें, जिनकी बाद में मृत्यु हो गई।

– 20 अगस्त 2010 को रणथम्भौर बाघ परियोजना की सीमा पर भूरी पहाड़ी गाँव के खेत में

एक वयस्क नर बाघ ने एक भैंस को मार डाला था। हज़ारों लोग उस जगह पर जमा हो गए और बाघ पर पत्थर फेंकने लगे। वन विभाग के अधिकारी और पुलिसकर्मी मौके पर पहुँचे। ऐसा लगने लगा कि बाघ को वहाँ से बचाकर निकालने के लिए दवा के ज़रिए बेहोश करना ही एकमात्र विकल्प था। हालाँकि वहाँ के हालात उपयुक्त नहीं थे, फिर भी, मैं वनपाल हुकुम चंद और तुलसी राम तथा वनरक्षक राजवीर सिंह के साथ, बाघ को बेहोश करने मौके पर पहुँच गया। भीड़ द्वारा लगातार परेशान किए जाने से बाघ मुझ पर कूद पड़ा। आज, मेरी दाईं आँख न होने के साथ 40 फीसदी से ज़्यादा शारीरिक विकलांगता है।

– 25 अक्टूबर 2012 को, सहायक वनपाल घीशू सिंह रिज़र्व के सवाई माधोपुर रेंज के तहत कालापानी-सोहन कच्छ इलाक़ों में वन सड़क मरम्मत के काम की देखरेख कर रहे थे। पैदल गश्त के दौरान, बाघ टी-24 (उस्ताद) ने अचानक उस पर हमला कर दिया और मार डाला। इसके बाद, बाघ उसके मृत शरीर को पास की घनी झाड़ी में खींचकर ले गया। जब वन विभाग की टीमें मौके पर पहुँचीं, तो शव तक पहुँचने के लिए काफ़ी मशक्कत करनी पड़ी, क्योंकि आक्रामक बाघ अपने शिकार के बारे में बहुत अधिकारात्मक था। वनकर्मियों को हालाँकि किसी तरह उस स्थान से शव हासिल करने में क़ामयाबी मिली।

– 8 मई 2015 की शाम को, बुकिंग टेंट बैरियर और मिश्रा दर्रा गेट के बीच के क्षेत्रों में वन विभाग की टीम में वनपाल हुकुम चंद, वनरक्षक रामपाल माली और अन्य स्टाफ़ सदस्यों के साथ नियमित गश्त ड्यूटी चल रही थी। अटल सागर के बगल में मुख्य सड़क के पास एक जंगल के रास्ते पर उस्ताद ने माली पर हमला कर दिया। बाघ ने शक्तिशाली प्रहार के साथ, उसे तुरंत मार दिया। साथ गई वन टीम ने किसी तरह से शव को बाघ से छुड़ाया।

मैंने रणथम्भौर बाघ परियोजना के संरक्षण में योगदान देने वाले विस्मृत नायकों की सभी प्रमुख घटनाओं को याद करने की पूरी कोशिश की है। ये घटनाएँ मेरी याद पर आधारित हैं या रणथम्भौर वन विभाग के कार्यालयी दस्तावेज़ से ली गई हैं। संभवतया इसमें कोई बड़ी चूक या त्रुटि हो सकती है, लेकिन कोई भी गलती जानबूझकर नहीं की गई है। मुझे लगता है कि ऐसे और कई लोग हो सकते हैं, जिन्होंने भारत में इस अंतिम बचे लुप्तप्राय बाघ जीन पूल के संरक्षण में महत्वपूर्ण योगदान दिया हो। मैं उन सभी नायकों के प्रति अपनी गहरी कृतज्ञता व्यक्त करता हूँ। उनका बलिदान हमें हमेशा गौरवान्वित करता है।

उपसंहार

भारत की सभी बाघ परियोजनाओं में से रणथम्भौर देश के उत्तर-दक्षिणी क्षेत्र में संभवतया सबसे अधिक चर्चित है। यहाँ की बीहड़ सुंदरता, दिल्ली व जयपुर से इसकी आसान पहुँच और बाघों को देखने की सुगमता, दुनिया भर के वन्य जीव प्रेमियों को आकर्षित करती है।

प्रकृति के सूखे पतझड़ी जंगलों में बाघों की अविचलित गतिविधियों को स्पष्ट रूप से देखा जा पाना लोगों को रणथम्भौर बाघ परियोजना की ओर आकर्षित करता है। यहाँ जो कोई भी आता है, प्रकृति से जुड़ाव महसूस करने लगता है और पार्क में फिर आने के लिए मजबूर हो जाता है। इसके लिए आख़िरकार, परियोजना के विडालवंशी ही यहाँ के सबसे बड़े आकर्षण हैं। उनमें एक मछली (टी-16) भी थी, जो दो दशकों तक लाखों बाघ प्रेमियों की आँखों का तारा रही थी, वह भारत के जंगलों की एक ऐसी बाघिन थी, जिसकी सबसे ज़्यादा तसवीरें खींची गईं। उसके ऊपर दर्जनों डॉक्यूमेंट्री बनाई गई हैं, जो उसके न रहने के बाद भी लोगों को आनन्दित करती हैं। अपने 20 वर्ष के जीवनकाल में, उसके चार प्रसव हुए, जिनमें नौ शावकों को जन्म दिया। इनमें से दो शावकों को सरिस्का बाघ परियोजना को फिर से आबाद करने के लिए वहाँ भेजा गया था।

मछली को यह प्रसिद्धि राजबाग झील में तीन मीटर लम्बे मगरमच्छ को मारने के बाद मिली थी। इसके बाद वह बहुत कुशल मगरमच्छ शिकारी बन गई थी। वह असाधारण रूप से दबंग बाघिन थी, जो अपने शावकों के साथ पर्यटक वाहनों के पास से बिना किसी हिचकिचाहट के निकल जाती थी। मछली को टूर ऑपरेटर फॉर टाइगर्स (टीओएफटी) द्वारा लाइफटाइम अचीवमेंट अवॉर्ड से सम्मानित किए जाने का दुर्लभ गौरव प्राप्त है, टीओएफटी

मछली की बेटी सुंदरी (टी-17) एक ख़रगोश के साथ खेलती हुई।

एक अनूठा अंतरराष्ट्रीय अभियान है, जो बाघों को बचाने के लिए जिम्मेदार पर्यटन का समर्थन और हिमायत करता है। उसका एक फेसबुक पेज भी है जो उसे समर्पित है। अपने सभी दाँतों को खो देने के बावजूद, मछली पाँच साल तक जंगल में रहने में क़ामयाब रही। 18 अगस्त 2016 को, उसने अंततः वृद्धावस्था में दम तोड़ दिया, जिससे 'लेडी ऑफ द लेक' की कहानी अंजाम तक पहुँच गई।

बाघिन सुंदरी (टी-17) मछली के आख़िरी प्रसव से उसकी बेटी थी। वह भी अपनी माँ की तरह

लेखक, मछली (टी-16) को अपनी गाड़ी के बिलकुल पास से निहारते हुए।

ही दबंग और साहसी थी, उसने राजबाग झील क्षेत्र से मछली को भगा दिया और इस क्षेत्र पर अपना अधिकार कर लिया। इस तरह पर्यटन क्षेत्र 2, 3, 4 और 5 पर उसका प्रभाव स्थापित हो गया और वह आगंतुकों के लिए आकर्षण का केंद्र बन गई।

सुंदरी ने टी-28 के साथ सहवास कर तीन शावकों को जन्म दिया। जब शावक लगभग 11 महीने के थे, तभी यह खूबसूरत बाघिन अचानक ग़ायब हो गई और फिर इस क्षेत्र में कभी नहीं देखी गई।

नूर (टी-39) अपने तीसरे प्रसव के तीन मादा शावकों के साथ।

एक आक्रामक, झगड़ालू नर टी-25 ने अपने लिए ज़ालिम या तानाशाह विशेषण अर्जित किए थे। लेकिन, अपने स्वभाव के विपरीत, उसने टी-5 के शावकों को पाल-पोसकर वनकर्मियों को आश्चर्यचकित कर दिया, जो तब केवल चार महीने के थे, जब उनकी माँ की मृत्यु हो गई थी।

वन्य जीव विशेषज्ञों ने बाघिन की मौत के साथ उसके शावकों की मौत का भी शोक मना लिया था क्योंकि माँ की छत्रछाया के बिना इतने छोटे शावकों के लिए मौत मानो निश्चित थी। उनके पिता ज़ालिम ने बच्चों को पाला, उनके लिए भोजन उपलब्ध कराया और बाद में उन्हें जंगल में जीवित रहने का सबक़ सिखाया।

बालेन्दु सिंह

ज़ालिम टी-25 ने टी-5 के शावकों को उनकी माँ की मृत्यु के बाद पाल-पोसकर वनकर्मियों को आश्चर्यचकित कर दिया।

रणथम्भौर में कई और दबंग तथा असाधारण बाघ रहे हैं। उन सब के कारनामों के बारे में यहाँ चर्चा करना संभव नहीं है। रणथम्भौर के शानदार बाघों में स्टार नर (टी-28), कुंभा (टी-34) और नूर मादा (टी-39) कुछ ऐसे हैं, जिन्होंने सफलतापूर्वक बच्चों को जन्म दिया और उनको वयस्क होने तक पाला।

वस्तुतः मैं अपने अंतिम शब्दों को, इस शानदार नस्ल के लिए समर्पित करता हूँ। इस पुस्तक का उपसंहार इस बात की गवाही है कि कुछ ख़ास बाघ तथा कुछ अन्य लोग हमेशा याद रहेंगे, क्योंकि उन्होंने अपनी उपस्थिति से एक अमिट छाप छोड़ी है। उनकी ताक़त, फुरती और प्रभाव वास्तव में अद्वितीय हैं। कभी-कभी एक कथा शुरू करने के लिए सिर्फ़ एक झलक भर काफ़ी होती है, जैसे कि यह भारत के राष्ट्रीय वन्य जीव, बाघ के साथ एक प्रेम कहानी है।

परिशिष्ट-1

रणथम्भौर बाघ परियोजना के जीव-जंतु

मीन वर्ग (Class Pisces)

बेट्टा (Betta)	*Lahio rohita*
भाकुर (Catla)	*Catla catla*
भोर (Greyei)	*Chhana marulius*
लांची (Lanchi)	*Walago attu*
महासीर (Mahseer)	*Tortor spp.*
मृगला (Mirgal)	*Circhinus mrigala*
रोहू (Rohu)	*Labeo rohita*
गराई (Savank)	*Chhana punctatus*
सिंघला (Seenghari)	*Aorichthys seenghala*

उभयचर वर्ग (Class Amphibia)

मेढक (Common Frog)	*Hoplobatrachus tigerinus*
भारतीय टोड (Common Indian Toad)	*Bufo melanostictus*

सरीसृप वर्ग (Class Reptilia)

धारीदार करैत (Banded Krait)	*Bungarus fasciatus*
नाग (Cobra)	*Naja naja*
करैत (Common Krait)	*Bungarus caeruleus*
रेगिस्तानी छिपकली/गोधी (Desert Monitor Lizard)	*Varanus griseus*
दलदल में रहने वाला मगरमच्छ (Freshwater or Swamp Crocodile)	*Crocodylus palustris*
नरम खोल वाला कछुआ (Ganga Soft-shelled Turtle)	*Trionyz gan*

गिरगिट (Indian Chameleon)	*Chameleon zeylanicus*
अजगर (Indian Python)	*Python molurus*
सुंदरी\मतिया (North Indian Flap-shelled Turtle)	*Lissemys punctate*
धामिन साँप (Rat Snake)	*Ptyas mucosus*
रसेल वाइपर (Russell's Viper)	*Pipera russelli*
जहरीला साँप (Saw-scaled Viper)	*Echis carinatus*

पक्षी वर्ग (Class Aves)

हीरामन तोता (Alexandrine Parakeet)	*Psiattacula eupatria*
सलेटी सिर चंदोल (Ashy-crowned Finch-Lark)	*Eremopterix grisea*
फुदकी (Ashy Wren prinia)	*Prinia socialis*
गंगा मैना (Bank Myna)	*Acridotheres ginginianus*
सिरपट्टी सवन (Bar-headed Goose)	*Anser omdocis*
करेल उल्लू (Barn Owl)	*Tyto alba*
बया/सोन-चिरी (Baya Weaver)	*Ploceus philippinus*
छोटा लहटोरा (Bay-backed Shrike)	*Lanius vittatus*
जून बगुला (Bittern)	*Botaurus stekkaris*
काला स्कंध कठफोड़ा (Black-backed Woodpecker)	*Chrysocolaptes fesativus*
काली तहरी (Black-bellied Tern)	*Sterna acuticauda*
चीना बटेर (Black-breasted Quail)	*Coturnix coromandelica*
काला कोरिला (Black-capped Kingfisher)	*Halcyon pileata*
काला सिर चंदोल (Black-crowned Finch-Lark)	*Eremopterix nigriceps affinis*
काला भुजंग (Black Drongo)	*Edlius macrocercus*
काला गरुड़ (Black Eagle)	*Ictinaetus malyensis perniger*
लोहा सारंग (Black-necked Stork)	*Ephippiorhynchus asiaticus*
टोपीदार पिलक (Black-headed Oriole)	*Oriolus xanthornus*
काला तीतर (Black Partridge)	*Francolinus francolinus*
काला लाल सारस (Black Red Stork)	*Phoenicurus ochruros*

सूरमल लगलग (Black Stork)	*Ciconia nigra*
काली दुम का गुदेरा (Black-tailed Godwit)	*Limosa limosa*
वन कस्तूरी (Black-throated Thrush)	*Turdus ruficollis*
सरबो बया (Black-throated Weaver Bird)	*Ploceus benghalensis*
काली कपासी चील (Black-winged Kite)	*Elanus caeruleus*
टिंघुर छाहा (Black-winged Stilt)	*Himantopus himantopus*
टुइंया तोता (Blossom-headed Parakeet)	*Psittacula cyanocephala*
सामान्य कबूतर (Blue Rock Pigeon)	*Columba livia*
कश्मीरी कस्तूरी (Blue Rock Thrush)	*Minticola solitaries*
नीलकंठी (Blue Throat)	*Luscinia svecica*
टिक-टिकी (Bylth's Reed Warbler)	*Acrocephalus dumetorum*
मोरंगी (Bonelli's Eagle)	*Aquila fasciata*
सफेद-सिर चील (Brahminy Kite)	*Haliastur indus*
ब्राह्मणी मैना (Brahminy Myna)	*Sturnus pagodarum*
भूरा जल बटेर (Brown Crake)	*Amauronis akool akool*
मछेरा उल्लू (Brown Fish Owl)	*Bubo zeylonesis*
भूरी टिक-टिकी (Brown Flycatcher)	*Muscicapa latirosrtis.*
बादामी कोरिला (Brown-headed Kingfisher)	*Pelargopsis capensis*
भूरी गलरि (Brown Rock Chat)	*Oenanthe Fusca*
जल पिपी (Bronze-winged Jacana)	*Metopidusindicus*
बंगाली अझिन (Bush Lark)	*Mirafra assamica*
सुराखिया (Cattle Egret)	*Babulcusibis*
शाह-बाज (Changeable Hawk Eagle)	*Spizaetus cirhatus*
जल-किटकिट (Chiffchaff)	*Phylloscopus collybita*
खरपिद्दा (Collared Bush Chat)	*Saxicola torquata*
कॉलर वाला उल्लू (Collared Owl)	*Otus bakkamocna*
अबाबील पाकी (Collared Sand Martin)	*Riparia riparia*
डुमरी दुमानी (Common Babbler)	*Turdoides caudata*

धनेश (Common Grey Hornbill)	*Ocyceros birostris*
सामान्य पपीहा (Common Hawk-Cuckoo)	*Cuculus varius*
सामान्य भारतीय चक्का (Common Nightjar)	*Caprimulgas asiaaticus*
छोटी लाल सिर बत्तख (Common Pochard)	*Aythya ferina*
छोटा बतान (Common Redshank)	*Tringa tetanus*
तूती (Common Rosefinch)	*Carpodaucs erythrinus*
जल रंग (Common Sandpiper)	*Tringa hypoleucos*
चाहा (Common Snipe)	*Gallinago gallinago*
नक्शी मैना (Common Starling)	*Strunus vulgaris*
छोटी मुर्गहबी (Common Teal)	*Anas crecca*
दसारी/कुक्कुट (Coot)	*Fulica atra*
गिरिया (Cotton Teal)	*Nettapus coromandelianus*
अबाबील (Crag Martin)	*Hirunda rupestris*
चोटी पत्थर चिरटा (Crested Bunting)	*Emberiza lathami*
मोरघर बाज़ (Crested Hawk Eagle)	*Spizaetus cirrhotus cirrhatus*
शाहू तेला (Crested Honey Buzzard)	*Pernis ptilorhynchus*
सामान्य चंदोल (Crested Lark)	*Galerida cristata*
डोगरा चील (Crested Serpent Eagle)	*Spilornis cheela*
कठफोड़ा (Crimson-breasted Barbet)	*Megalaima heamarcephala*
महोख (Crow Pheasant)	*Centropus sinensis*
पहाड़ी कुक्कू (Cuckoo)	Cuculas canorus
पनडुब्बी (Darter)	*Anhinga rufa*
रंगोजा (Desert Wheatear)	*Oenanthe deserti*
छटन अबाबील (Dusky Crag Martin)	*Ptyonoprogne concolor*
जंगली घुग्गू (Dusky Horned Owl)	*Bubo coromandus*
कलसर वातवत्य (Dusky Leaf Warbler)	*Phylloscopus fuscatus*
सफेद गिद्द (Egyptian Vulture)	*Neophron percnopterus*
काला सिंखुर (Falcated Teal)	*Mareca falcate*

टिट/छोटी चिड़िया (Fire-capped Tit)	*Cephalopyrus flaimiceps*
फ्रेंकलिन का चक्का (Frankin's Nightjar)	*Caprimulgus affinis monticola*
फुदकी (Franklin's Wren-Warbler)	*Prinia hodgsoni*
भुआर (Gadwall)	*Mareca strepera*
चैता/गिरिया हंस (Garganey Teal)	*Anas querquedula*
छोटा बाजा (Glossy Ibis)	*Plegodis falcinellus*
सुनहरी कठफोड़ा (Golden-backed Woodpecker)	*Dinopium benghalenus*
सुनहरी पीलक (Golden Oriole)	*Oriolus orilus*
कलजंगा (Greater Spotted Eagle)	*Aquila clanga*
घूग्गू (Great Horned Owl)	*Bubo virginianus*
पान टिक-टिकी (Great Reed Warbler)	*Acrocephalus stentoreus*
हरी पिद्दी (Greenish Warbler)	*Phylloscopus trochiloides*
सामान्य हरियल (Yellow-footed Green Pigeon)	*Terron phoenicoptera*
टिमटिमा बतान (Greenshank)	*Tringa nebularia*
हरा रेतल छाहा (Green Sandpiper)	*Tringa ochropus*
नारायण पक्षी (Grey-headed Flycatcher)	*Culicicapa ceylonesis*
पवई (Grey-headed Myna)	*Sturnus malabaricus*
सलेटी सिर पीला मामोला (Grey-headed Yellow Wagtail)	*Motacilla flava thunbergi*
सलेटी काबुद (Grey Heron)	*Ardea cinerea*
सलेटी सवन (Greyleg Goose)	*Anser anser*
जमजोहारा (Grey-necked Bunting)	*Emberiza bunchanani*
सफेद तीतर (Grey Partridge)	*Francolinus pondicerinus*
बड़ा बटेर (Grey Quail)	*Coturnix coturnix*
सलेटी लहटोरा (Grey Shrike)	*Lanius excubitor*
सलेटी तित (Grey Tit)	*Parus cinereous*
सलेटी मामोला (Grey Wagtail)	*Motacilla easpica*
बुलराह तहरी (Gull-billed Tern)	*Gelochelidon nilotics*
हुडहुड (Hoope)	*Upupa epops*

कौआ (House Crow)	*Corvus splendens*
गोरैया (House Sparrow)	*Passer domesticus*
नीलगिरी अबाबील (House Swallow)	*Hirundo tahitica*
अबाबील (House Swift)	*Apus affinis*
लीशरा (Indian Chiff Swallow)	*Hirundo fluvicola*
सामान्य नुकरी (Indian Courser)	*Cursorius coromandelicus*
कोम्पी (Indian Desert Finch-Lark)	*Ammomanes deserti phoenicuroides*
भूरा गिद्द (Indian Griffon Vulture)	*Gyps fulvus fulvescens*
देसी मैना (Indian Myna)	*Acridotheres tristis*
सामान्य जलमुर्गी (Indian Moorhen)	*Gallinula chloropus*
काली चिड़ी (Indian Robin)	*Saxicoloides fulicata*
नीलकंठ (Indian Roller)	*Coracias benghalensis*
भारतीय जलकौआ (Indian Shag)	*Phalacrocorax fuscicollis*
मुसारिच (Indian Tree Pipit)	*Anthus hodgsoni*
काली फुदकी (Indian Wren-Warbler)	*Prinia subflava*
पेंग्या मैना (Jungle Babbler)	*Turdoides striatus*
जंगली लव्वा (Jungle Bush Quail)	*Perdicula asiatica*
जंगली कौआ (Jungle Crow)	*Corvus macrorhyncos*
भारतीय जंगली चक्का (Jungle Nightjar)	*Caprinulgus indicus*
नीला क्रश (Kashmir Roller)	*Coracias garrulus semenowi*
कॉलर वाला मारवा (Kashmir Plover)	*Charadrius alexandrines*
कोरूत्तिया (Kestrel)	*Falco biarmicus*
राज गिद्द (King Vulture)	*Sarcogyps calvus*
कोयल (Koel)	*Eudynomys scolopcea*
कोहि (Laggar Falcon)	*Falco biarmicus*
तीतरी (Lapwing)	*Vanellus vanellus*
पान कौव्वा (Large Cormorant)	*Phalacrocorax carbo*
खाकी पपीहा (Large Cuckoo-shrike)	*Coracina novahollandiae*

रण चंदोल (Large Desert Lark)	*Alaemon alaudipes doriae*
बड़ा बगला (Large Egret)	*Egretta alba*
बड़ा बसाता/ गुम्मा (Large Green Barbet)	*Megalaima zeylanica*
सातभाई (Large Grey Babbler)	*Turdoides malcolmi*
ममूला (Large-pied Wagtail)	*Motacilla maderaspatensis*
बड़ी सफेद अबाबील (Large White-rumped Swift)	*Apus pacuficus pacificus*
पहाड़ी तिसा (Lesser Spotted Eagle)	*Clanger hastate*
चिट्ट कंठ पिद्दी (Lesser White Throat)	*Sylvia curruca*
सिल्ही (Lesser Whistling Teal)	*Endorcygna javanica*
छोटी फ़ाख्ता (Little Brown Dove)	*Streptopelia senegalensis*
पान कौव्वा (Little Cormorant)	*Microcarbo niger*
करछिया बगुला (Little Egret)	*Egretta grazetta*
छोटा डुबडुबी (Little Grebe)	*Podiceps ruficollis*
कांछा बगला (Little Green Heron)	*Butorides striatus javanicus*
मेरवा बतान (Little Ringed Plover)	*Charadrius dubius*
देसी गिद्द (Long Billed Vulture)	*Gyps indicus*
चूहामार तिसा (Long Legged Buzzard)	*Buteo rufinus*
धैरयल (Magpie-Robin)	*Copsychus saularis*
गिरगिट मार (Marsh Harrier)	*Circus aeruginosus*
सोनेरी शोबिगी (Marshall's lora)	*Aegithina nigrolutea*
बालू बतान (Marsh Sandpiper)	*Tringa stagnatilis*
पटोखा बागला (Median Egret)	*Egretta intermedia*
धारीदार किरलामार (Montagu's Harrier)	*Circus pygargus*
नकता (Nakta or Comb Duck)	*Sarkidiornis melanotos*
लद्दाखी फुदकी (Olivaceous Leaf Warbler)	*Phylloscopus griseolus*
घुँघला (Open Billed Stork)	*Anastomus oscitans*
नारंगी कस्तूरी (Orange-headed Ground Thrush)	*Zoothera citrine*
मछलीमार (Osprey)	*Pandion haliaetus*

चित्रित तीतर (Painted Partridge)	*Francolinus pictus*
पहाड़ी भात तीतर (Painted Sandgrouse)	*Pterocles indicus*
राजचाहा (Painted Snipe)	*Rostratula benghalensis*
असकल मुर्ग (Painted Spurfowl)	*Galloperdix lunudata*
जंगिल धोक (Painted Stork)	*Mycetria parvus*
ताड़ी अबाबील (Palm Swift)	*Cypsiurus parvus*
परी टिक-टिकी (Paradise Flycatcher)	*Terpsiphone paradisi*
काली चील (Pariha Kite)	*Milvus migrans govinda*
मोर (Peafowl)	*Pavo cristatus*
पीहू/जल कपोत (Pheasant-tailed Jacana)	*Hydrophasianus chirurgus*
काला पिद्दा (Pied Bush Chat)	*Saxicola caprata*
बरसाती पपीहा/चतक (Pied Crested Cuckoo)	*Clamator jacobinus*
चितला कोरिला (Pied Kingfisher)	*Ceryle rudis*
अबलक मैना (Pied Myna)	*Strunus contra*
सींख पर बत्तख (Pintail)	*Anas acuta*
नौरंगा (Pitta)	*Pitta brachyura*
सादा पत फुदकी (Plain Leaf Warbler)	*Phylloscopus neglectus*
अंधा बगला (Pond Heron)	*Ardeola grayi*
लाल अंजन (Purple Heron)	*Ardea purpurea*
सामान्य जलमुर्गी (Purple Moorhen)	*Galinula Porphyrio*
फूलसूँघनी (Purple Sunbird)	*Cinnyris asiaticus*
भूरा सिर कठफोड़ा (Pygmy Woodpecker)	*Dendrocopos nanus*
लाल हिक्की टिक-टिकी (Red-breasted Flycatcher)	*Muscieapa parna*
लाल क्रोंच (Red-crested Pochard)	*Netta rufina*
गंदम/लाल सिर बोली (Red-headed Bunting)	*Emberiza bruniceps*
रेतल तुरमुती (Red-headed Merlin)	*Falco chicquera*
तुरूमती (Red-legged Falcon)	*Falco vespertinus*
लाल अबाबील Red-rumped Swallow)	*Cercropis daurica*

छोटी जंगली मुर्गी (Red Spurfowl)	*Galloperdix spadicea*
गेरुई फ़ाख्ता (Red Turtle Dove)	*Streptopelia tranquebarica*
गुलदुम (Red-vented Bulbul)	*Pycnonotus cafer*
सररी टिटहरी (Red-wattled Lapwing)	*Vancellus indicus*
पहाड़ी बुलबुल (Red-whiskered Bulbul)	*Pycnonotus jocosus*
ढोर फ़ाख्ता (Ring Dove)	*Streptopelia decaocto*
दरियाई तहरी (River Tern)	*Sterna aurantia*
पहाड़ी बोली (Rock Bunting)	*Emberizacia spp.*
पत्थर लव्वा (Rock Bush Quail)	*Perdicula argoondah*
लाइबर तोता (Rose-ringed Parakeet)	*Psittacula krameri*
गुलाबी मैना (Rosy Starling)	*Strunus roseus*
लाल सुरखाब/चकवा-चकवी (Ruddy Shelduck)	*Tadorna feruginea*
बगबाद (Ruff and Reeve)	*Philomachus pugnax*
लाल पूँछ लहटोरा (Rufous-backed Shrike)	*Lanius schach erythronotus*
शाह डुमरी (Rufous-bellied Babbler)	*Dumetia hyperythra*
फुदकी (Rufous-fronted Wren-Warbler)	*Prinia buchanani*
लाल पूँछा चंदोल (Rufous-tailed Finch-Lark)	*Ammomanes phoencurus*
काली फ़ाख्ता (Rufous Turtle Dove)	*Streptopelia orientals*
सारस (Sarus Crane)	*Grus Antigone*
पहाड़ी बुलालचश्मा (Scarlet Minivet)	*Pericrocotus flammeus*
डूंडूल (Scopes Owl)	*Otus scops*
शाहीन कोही (Shaheen Falcon)	*Falco peregrinus*
बाज (Shikra)	*Accipiter badius*
साँपमार (Short-toed Eagle)	*Circaetus gallicus*
बाघेरी (Short-toed Lark)	*Calandrella cinerea*
खंतिया हंस (Shoveller)	*Anas clypeata*
गवैया चंदोल (Singing Bush Lark)	*Mirafrs javanica cantillans*
जंगली तोता (Sirkeer Cuckoo)	*Taccocua leschenaultia*

छोटा मछेरा (Small Blue Kingfisher)	*Alcedo atthis*
हरा पतंगा (Small Green Bee-eater)	*Merups orientalis*
छोटी बुलालचश्मा (Small Minivet)	*Pericrocotus cinnamomeus*
छोटा चंदाले (Small Skylark)	*Alauda Gulgula*
चिन्तेब टोक (Smoky Willow Warbler)	*Phylloscopus fuligiventer*
खंड खंडेसरा (मादा) धूति (नर) (Sparrow Hawk)	*Accipiter nisus*
चमचा (Spoon Bill)	*Platalea leucorodia*
चित्तीदार फ़ाख्ता (Spotted Dove)	*Streptopelia chinensis*
तेलिया मुनिया (Spotted Munia)	*Lonchura punctulata*
खकूसत (Spotted Owlet)	*Athene brama*
सूरमा बतान (Spotted Redshank)	*Tringa erythropus*
छोटा करवानक (Stone Curlew)	*Burhinus oedicnemus*
घास की फुदकी (Streaked Fantail Warbler)	*Chisticola juncidis*
बमानी बया (Streaked Weaver Bird)	*Ploceus manyar*
सामान्य दरजिन (Tailor Bird)	*Orthotomus sutotius*
ओकाब/रागर (Tawany Eagle)	*Aquila rapax*
छोटा पानलव्वा (Temminck's Stint)	*Calidris temminckii*
अधरंगा (Tickell's Blue Flycatcher)	*Cyornis tickelliae*
विरी तिरीव (Tickell's Leaf Warbler)	*Phylloscopus affinis*
भारतीय महालत (Tree Pie)	*Dendrocitta vegabunda*
मुसारिकी (Tree Pipit)	*Anthus trivialis*
अबलक (Tufted Duck)	*Aythya Fuligula*
नीली टिक-टिकी (Verditer Flycatcher)	*Muscicapa thalassia*
गंगा चील (Whiskered Tern)	*Childenias hybrid*
सफेद पीठ गिद्द (White-backed Vulture)	*Gyps bengalenois*
पहाड़ी भुजंग (White-bellied Drongo)	*Edolius Caerulescens*
कोरिला (White-throated Kingfisher)	*Halcyon snyrmensis*
जलमुर्गी (White-breasted Waterhen)	*Amaurornis phoenicurus*

मछरया (White-browed Fantail Flycatcher)	*Rhipdiura aureola*
चिट्टा सिर बोली (White-capped Bunting)	*Emberisa stewarti*
हिमालयी बुलबुल (White-cheeked Bulbul)	*Pycnonotus leucogenys*
बबूना (White-eye)	*Zosterops palpebrosus*
सुनक्खा तीसा (White-eyed Buzzard Eagle)	*Butastur teesa*
सुनखी पोचाड (White-eyed Pochard)	*Aythya nyroca*
सफेद सिर वाला पीपा मामोला (White-headed Yellow Wagtail)	*Motacilla flava leucocephala*
सफेद फुग्गा (White lbis)	*Threskiornis aethiopica*
हाज़ी लकलक (White-necked Stork)	*Ciconia episoopus*
सफेद लगलग (White Stork)	*Ciconia ciconia*
चिट्टगली मुनिया (White-throated Munia)	*Euodice malabarica*
चिट्टा मामोला (White Wagtail)	*Motacilla alba*
छोटा लालसिर (Wigeon)	*Anas Penelope*
तारदम अबाबील (Wire-tailed Swallow)	*Hirundo smithii*
तितवारी (Wood Sandpiper)	*Tringa glareola*
देसी लहटोरा (Wood Shrike)	*Teprodornis pondicerianus*
गरदन ऐंठा/चितरंगा (Wryneck)	*Jynx torquilla*
पीला विरी तिरीव (Yellow-browed Leaf Warbler)	*Phylloscopus inornatus*
पीला तित (Yellow-cheeked Tit)	*Machlolophus spilonotus*
गुलाब-चश्म (Yellow-eyed Babbler)	*Chrysomma sinense*
कठफोड़ा (Yellow-fronted Pied Woodpecker)	*Picoides mahrattensis*
पीला सिर मामोला (Yellow-headed Wagtail)	*Motacilla citreola*
पीली टाँग का गुल्लू/लव्वा (Yellow-legged Button Quail)	*Turnix tanki*
जंगली चिड़िया (Yellow-throated Sparrow)	*Petronia xanthrocollis*
पीली तीतरी (Yellow-wattled Lapwing)	*Vanellus malabaricus*

स्तनधारी वर्ग (CLASS MAMMALIA)

नीलगाय (Blue Bull or Nilgai)	*Boselaphus tragocamelus*

स्याहगोश (Caracal)	*Felis caracal*
लंगूर (Common Langur or Hanuman Langur)	*Presbytis entellus*
नेवला (Common Mongoose)	*Herpestes auropuncfatus*
बिलाव (Common Palm/Civet or Toddy Cat)	*Paradoxurus hermaphrodites*
चमगादड़ (Common Yellow Bat)	*Scotophilus heathis*
रेगिस्तानी बिल्ली (Desert Cat)	*Felis libyca*
सामान्य गिलहरी (Five-striped Palm Squirrel)	*Funambulus pennant*
चूहा (House Mouse)	*Mus musculus*
घरेलू चूहा (House Rat)	*Rattus rattus*
चमगादड़ (Indian False Vampire)	*Megaderma lyra*
उड़न गिलहरी (Indian Flying Fox)	*Pteropus gigateus*
लोमड़ी (Indian Fox)	*Vulpex bengalensis*
चिंकारा (Indian Gazelle or Chinkara)	*Gazella bennettii*
जंगली चूहा (Indian Gerbille)	*Tetera indica*
भारतीय साही (Indian Porcupine)	*Hystrix indica*
जंगली सूअर (Indian Wild Boar)	*Sus scrofa*
जंगली बिल्ली (Jungle Cat)	*Felis chaus*
तेंदुआ (Leopard)	*Panthera pardus*
झाऊ चूहा (Long-eared Hedgehog)	*Hemiechinus auritus*
रैटेल (Ratel)	*Mellivora capensis*
खरगोश (Rufous-tailed Hare)	*Lepes nigricollis rufieaudatus*
साँभर (Sambar)	*Cervus uncolor*
रीछ (Sloth Bear)	*Melursus ursinus*
सामान्य भारतीय नेवला (Small India Mongoose)	*Nerpestes edwardsi*
भारतीय बिलाव (Small Indian Civet)	*Viverricula indica*
चितकबरा हिरन/चीतल (Spotted Deer or Chital)	*Axis axis*
धारीदार लकड़बग्घा (Stripped Hyaena)	*Hyaene hyaena*
बाघ (Tiger)	*Panthera tigris*

परिशिष्ट-2

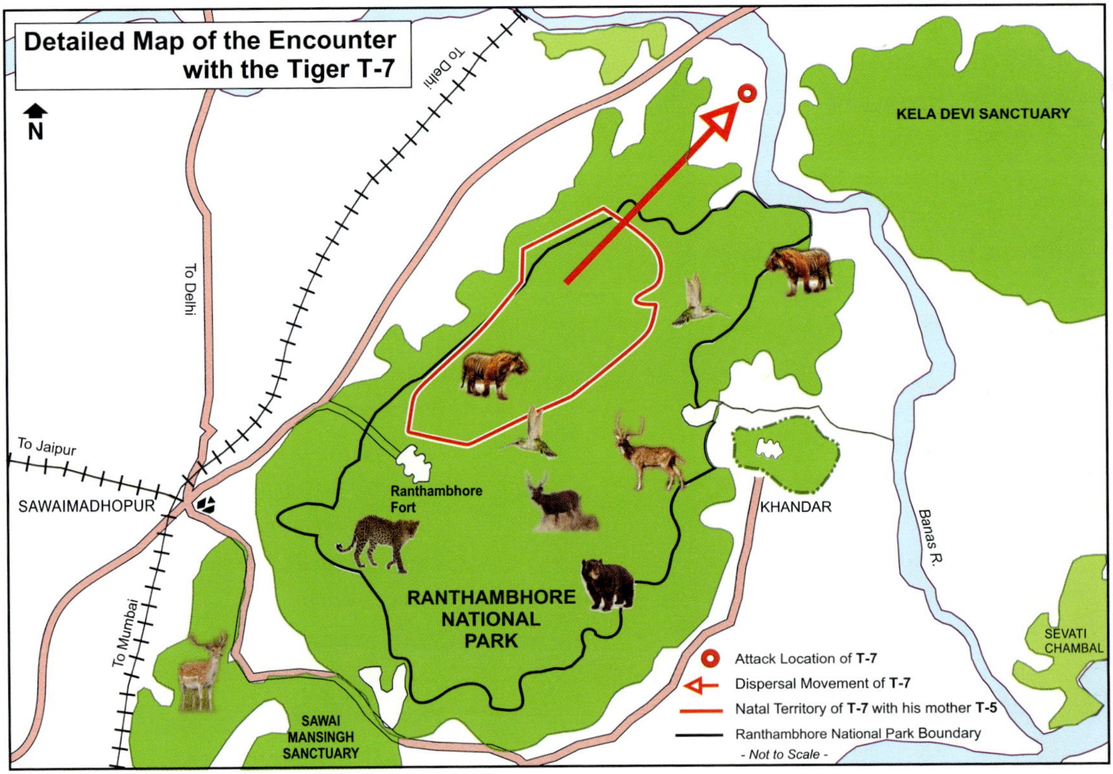

Detailed Map of the Encounter with the Tiger T-7
N
To Delhi
To Delhi
KELA DEVI SANCTUARY
To Jaipur
SAWAIMADHOPUR
Ranthambhore Fort
KHANDAR
Banas R.
To Mumbai
RANTHAMBHORE NATIONAL PARK
SEVATI CHAMBAL
SAWAI MANSINGH SANCTUARY
Attack Location of T-7
Dispersal Movement of T-7
Natal Territory of T-7 with his mother T-5
Ranthambhore National Park Boundary
- Not to Scale -

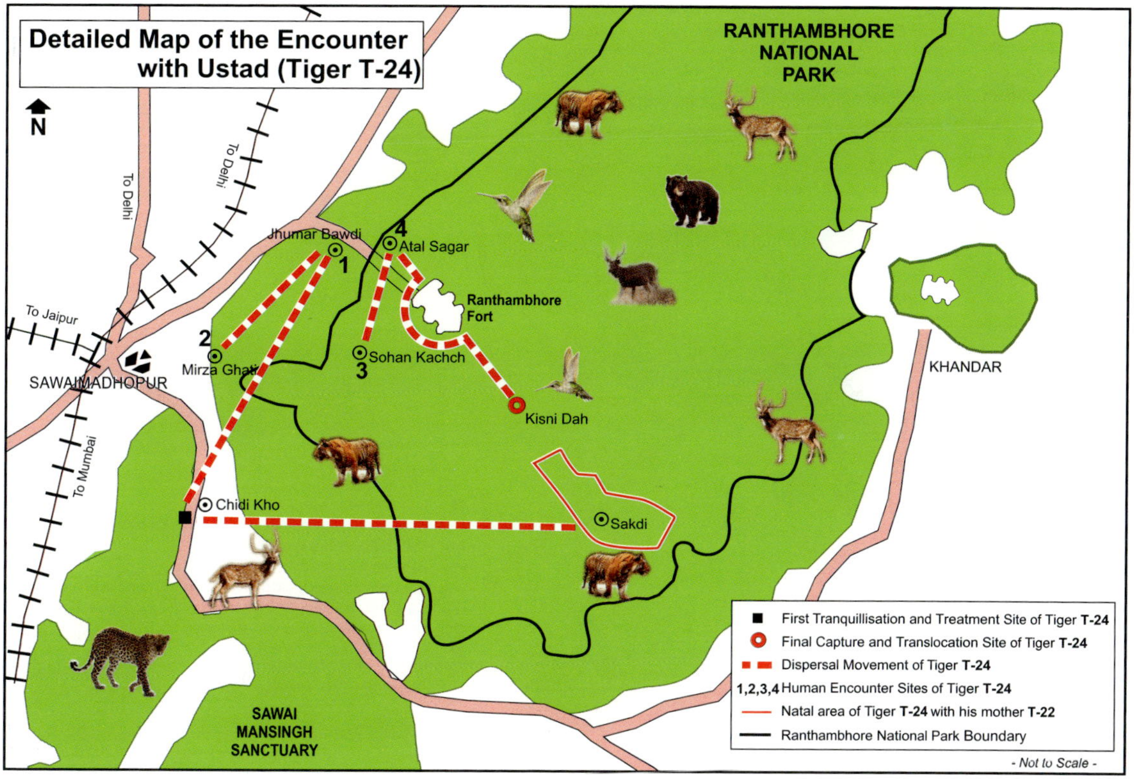
Detailed Map of the Encounter with Ustad (Tiger T-24)
N
RANTHAMBHORE NATIONAL PARK
To Delhi
To Delhi
To Jaipur
To Mumbai
SAWAIMADHOPUR
Jhumar Bawdi
1
2
Mirza Ghati
3
Sohan Kachch
4
Atal Sagar
Ranthambhore Fort
Kisni Dah
Chidi Kho
Sakdi
KHANDAR
SAWAI MANSINGH SANCTUARY
First Tranquillisation and Treatment Site of Tiger T-24
Final Capture and Translocation Site of Tiger T-24
Dispersal Movement of Tiger T-24
1,2,3,4 Human Encounter Sites of Tiger T-24
Natal area of Tiger T-24 with his mother T-22
Ranthambhore National Park Boundary
- Not to Scale -

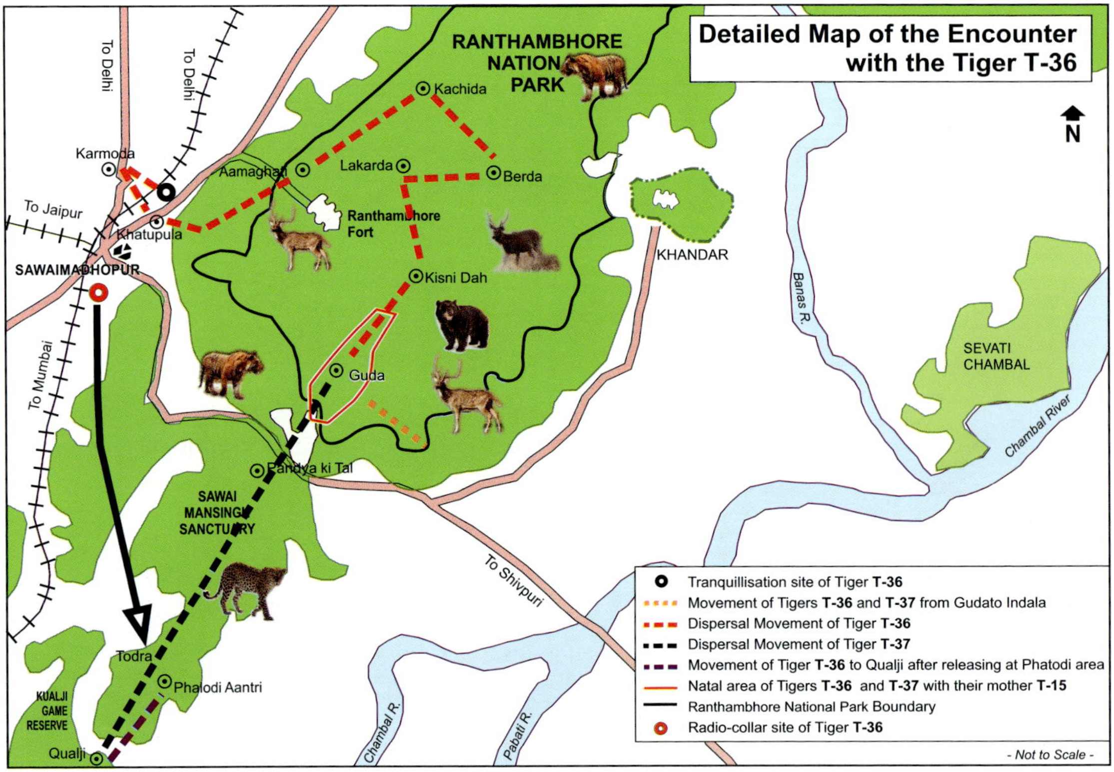
Detailed Map of the Encounter with the Tiger T-36
RANTHAMBHORE NATIONAL PARK
N
To Delhi
To Delhi
Kachida
Karmoda
Aamaghati
Lakarda
Berda
To Jaipur
Khatupula
Ranthambhore Fort
SAWAIMADHOPUR
KHANDAR
Kisni Dah
Banas R.
Guda
SEVATI CHAMBAL
To Mumbai
Chambal River
Pandya ki Tal
SAWAI MANSINGH SANCTUARY
To Shivpuri
Todra
Phalodi Aantri
KUALJI GAME RESERVE
Qualji
Chambal R.
Pabati R.
Tranquillisation site of Tiger T-36
Movement of Tigers T-36 and T-37 from Gudato Indala
Dispersal Movement of Tiger T-36
Dispersal Movement of Tiger T-37
Movement of Tiger T-36 to Qualji after releasing at Phatodi area
Natal area of Tigers T-36 and T-37 with their mother T-15
Ranthambhore National Park Boundary
Radio-collar site of Tiger T-36
- Not to Scale -

आभार

मैं खुद को बेहद खुशनसीब मानता हूँ कि मुझे भारत में वन्य जीव संरक्षण के क्षेत्र के दो दिग्गजों– पद्मश्री कैलाश संखाला और फतेह सिंह राठौड़ के मातहत काम करने का मौका मिला। सर्वोपरि वे मेरे गुरु थे, जिनसे मैंने बहुत कुछ सीखा है। अन्य चीज़ों के अलावा, उन्होंने मुझे दो मंत्र दिए कि रोज़ जंगल जाओ और वहाँ घटित घटनाओं तथा संकेतों को देखो और समझो। संखाला साहिब ने कैमरे के ज़रिए गौर से देखने का तरीक़ा और उसके बाद जो कुछ भी मैंने देखा होता था, उसे प्रतिदिन दर्ज़ करने का तरीक़ा भी सिखाया। यही वे मंत्र थे, जिन्हें मैं आज भी उसी तरह मानता हूँ। वास्तव में उन्होंने मेरी बहुत मदद की है।

इस पुस्तक में चित्र सौजन्य के लिए मैं एस.आर. यादव, डॉ. धर्मेंद्र खांडल, सनी पाटिल, बालेन्दु सिंह, आदित्य सिंह, दिनेश वर्मा दुर्रानी, भोलू अबरार खान, हेमराज मीणा, धीरेन्द्र गोधा, एम.डी. पाराशर, पीटर प्रेम चक्रवर्थी और वन विभाग का शुक्रिया अदा करना चाहूँगा। मैं राजस्थान के वन विभाग और केलादेवी राष्ट्रीय उद्यान का आभारी हूँ, जिन्होंने बाघ को बेहोश करने की तसवीरों को इस पुस्तक में इस्तेमाल करने की इज़ाज़त दी।

विभाग के भीतर और बाहर मैं अपने वरिष्ठों, सहकर्मियों और मातहतों सहित उन सभी लोगों का ऋणी हूँ, जिन्होंने अपनी उपस्थिति और अपने ज्ञान को मेरे साथ साझा करके मेरी यात्रा को और समृद्ध किया है। मैंने उन सभी को याद करने की पूरी कोशिश की है, लेकिन अगर कोई मुझसे छूट गया हो, तो यह अनजाने में है और इसके लिए मैं क्षमा प्रार्थी हूँ। कैलाश संखाला, फ़तेह सिंह राठौड़, जय सिंह, पाने सिंह, वी.डी. शर्मा, आर.एस. भंडारी, एस. अहमद, शांतनु कुमार, आर.जी सोनी, यू.एम. सहाय, ए.एस. बरार, पी.सोम शेखर, जी.वी. रेड्डी, गोविंदसागर भारद्वाज, राजेश गुप्ता, आर.एस. शेखावत, अनूप के.आर., के.एल. सैनी, जे.एस. नाथावत, तेजवीर सिंह, सुनयन शर्मा, वाई.के. साहू, राहुल भटनागर, बी.एम. शर्मा, आर.के. खेरवा, एस.आर. यादव, मुकेश सैनी, महेंद्र शर्मा, सुदर्शन शर्मा, नंद लाल प्रजापत,

रंगलाल, वाल्मीक थापर, डॉ. के. शंकर, डॉ. पी.के. मलिक, डॉ. पराग निगम, डॉ. राजीव गर्ग, विक्रम सिंह चौहान, गिरराज सिंह कुशवाह, अखिल चंद्रा, दिनेश वर्मा दुर्रानी, संजय कश्यप, जुज़ार तिनवाला, पुष्प जैन, हर्षवर्धन, सूरज ज़िद्दी, धर्मेंद्र खांडल, राजपाल सिंह, राज सिंह, बिट्टू सहगल, जैसल सिंह, गोवर्धन सिंह राठौड़, बालेन्दु सिंह, गोपालदत्त पांडे, भोलू अबरार खान, महिपाल सिंह, देवेंद्र रत्नावत, एस. नल्लमुथु, अनीस अंधेरिया, अदीत घोष, जे.एस. हाडा, उदय राम, संजीव शर्मा, मंगल सिंह राठौड़, आर.एस. काला, मोहन लाल गर्ग, नारायण सिंह नरूका, एम.डी. पाराशर, सी.पी. शर्मा, सुनील सी. शाह, हंसराज बैरवा, कैलाश नवरंग, नारायण कुमावत, श्याम जी, रामप्रसाद, देवी सहाय, हीरालाल, धर्म सिंह, पप्पू सिंह, रमाशंकर, सुरेश, योगेश, मनोहर सिंह, महेंद्र सिंह, सईद मोहम्मद, राजवीर सिंह, हुकुम चंद, तुलसीराम, रणजीत सिंह, अभय सिंह, फूल चंद, मोहन सिंह, सतपाल, शिवराज सिंह, मनोज कुमार शर्मा, भैंरो राम, पुरुषोत्तम, जगदीश प्रसाद जाट आदि सभी पार्क में आने वाले प्रकृतिवादियों और पर्यटकों के वाहन चालकों को मेरा विशेष धन्यवाद है। मैं इस पुस्तक के मानचित्र बनाने के लिए वीरेंद्र कुमार का शुक्रगुज़ार हूँ।

20 अगस्त 2010 को हुई अविस्मरणीय घटना के बाद मेरे अस्पताल में भर्ती होने और फिर लंबे समय तक इलाज के दौरान दी गई अपार मदद और सहयोग के लिए मैं राजस्थान के माननीय मुख्यमंत्री अशोक गहलोत, राजस्थान के वन विभाग के पूर्व मुख्य वन्य जीव (वाइल्ड लाइफ) प्रतिपालक और फॉरेस्ट्री फोर्स के प्रमुख (सेवानिवृत्त) आर.एन. मेहरोत्रा तथा डब्ल्यूडब्ल्यूएफ इंडिया के महासचिव रवि सिंह के प्रति अपनी हार्दिक कृतज्ञता व्यक्त करना चाहूँगा।